**1日10分で
英語回路を育成！**

名スピーチで
英語「速」音読

鹿野晴夫

コスモピア

「英語回路」は誰でも作れる！

　英語力を上げるには、たくさんの方法があります。しかし、自分で学習するなら、「楽しく継続でき」「確実に力がつく」方法が、一番良いやり方です。そして、その方法は、「心に響く英文を、スピードも意識して音読すること」です。

　こう断言できるのは、中学・高校と英語が苦手で大学受験も英語の試験がない大学を選んだほどの私が、音読を中心とする「英語トレーニング」と出会い、英語を職業とするまでに英語力を伸ばすことができたからです。

　入試で英語を避けた私は、大学1年生の英語の単位がなかなか取れず、4年生の大学を5年で卒業しました。就職した会社は英語に無縁のはずでしたが、ご多分にもれずグローバル化の波で、29歳のときカナダへの海外出張を経験します。

　帰国して、初受験したTOEIC L&Rテストの結果は335点ですから、出張先では聞くのも話すのも苦労の連続でした。それでも、一生懸命、現地の方が話す英語を聞いて、下手な英語を話したとき、「気持ちは通じた」と感じることができた喜びを覚えています。

　とは言え、ずっと苦手だった英語がこの経験だけで得意になるはずはありません。「何かいい方法はないものか？」と考えていたら、会社で英語学習法のセミナーが開かれ、そこで、「英語トレーニング」の方法と効果を知りました。これが、英語学習に本格的に取り組むことにしたきっかけです。

　「英語はスポーツと同じ。理論だけ勉強しても、トレーニングしな

ければ使えるようにはならない。音読できない英語は聞き取れないし、話せない」。セミナーで聞いたこの言葉が、私にとっての英語を「勉強」から「トレーニング」へ、180度変えてくれました。

　それから、日本語訳のあるテキストを使い、テキスト付属のネイティブ・スピーカーの音源を聞き、それを真似しながら音読をしました。最初は、見本の音声とあまりに違う自分の声に恥ずかしさを覚えたものです。それでも、毎日のように続けていると、少しずつ進歩が感じられ楽しくなっていきます。

　音読を続けて3カ月で、耳に変化を感じました。聞き取れる単語が増えた気がするのです。TOEIC L&Rテストを受けたら、460点になっていました。成果が実感できたことで、音読にも熱が入ります。

　音読を始めて1年後、2回目の海外出張で、オーストラリアへ行くことになりました。今度は、1年前がまるでうそのように「はっきりと相手の言うことが聞き取れた」のです。帰国して受験したTOEIC L&Rテストは610点。飛びあがるほどうれしかったのを覚えています。

　その後も音読を続け、開始から2年3カ月で760点になりました。このことを上司に話したら、海外からのお客様の通訳を担当させられることになりました。ドキドキの当日、オーストラリアの出張より、「はるかにスムーズに英語を話す自分」がいました。

　そして、開始から3年6カ月で850点。さすがにここからは時間がかかりましたが、開始から7年で900点。現在は、満点の990点です。この経験をつづった本の出版をきっかけに、35歳で起業し、現在では企業や学校で学習法のセミナーを行うほか、東京の赤坂見附にスクール（BizCom東京センター）を運営しています。

　本書で紹介するトレーニング方法は、1日10分から手軽に始められ、英語に苦手意識を持っているみなさん、さらに英語力を伸ばしたいみなさんのどちらにも役立つ方法です。

2020年1月
英語&スキルトレーニングBizCom
鹿野晴夫

Contents

#01 スティーブ・ジョブズ

#02 オプラ・ウィンフリー

Let's training

「名スピーチ」×「速音読」の効果

名スピーチは、音読のテキストとして最適

　速音読で英語回路を育成する本は、私にとってこれが16作目になります。トレーニングの基本コンセプトはどの本も一緒ですが、トレーニングする英文がそれぞれ異なります。中でもこの本の英文は、選りすぐり10名の「名スピーチ」の抜粋です。名スピーチの抜粋ですから、まさに「いいところ取り」の英文を音読できる本というわけです。

　そして、スピーチの英文とは、スピーチ用に書かれた英文原稿ということです。しかも収録した英文は、実業家・俳優・作家・映画監督など、言葉や作品で人を動かすことを職業とする人たちが、卒業式などで多くの人の心に響くように作ったもの。いわば、スピーチのプロが作った英文です。

　さらに、彼らも、スピーチの際には、原稿を参照しています。原稿を参照して話すのですから、一種の音読とも言えます。ですから、本書の英文は、音読のテキストとして最適というわけです。

　一方で、ネイティブ・スピーカーの聞き手を想定して書かれたスピーチ原稿には、たとえTOEIC L&Rテスト900点の方でも難しいと感じる語彙が含まれます。これは、高等教育を受けたネイティブスピーカーは12,000語レベルの単語を使って書くからです（TOEIC L&Rテストは約3,700語）。

　ですから、本書掲載のスピーチ英文の中で、難しい語彙に遭遇しても、いきなり辞書を引いたり、その語彙だけを抜き出して覚えようとしたりする必要はありません。まず、日本語訳を読んで全体の文意（スピーカーの一番言いたいこと）をつかむことが大事です。

　文意をつかんで音読を続けると、英文の文字と音と意味が一体化し、認知できる（意味のわかる）語彙が増えていきます。

速音読によるインプット効果

「シャワーのように英語を浴び続ける（＝聞き続ける）と英語が上達する」という俗説があります。しかし、親が子供に言葉を教えるように、ネイティブ・スピーカーが目に見えるものを常時説明してくれる環境（つまり、「音」と「意味」を統合できる環境）でない限り、英語を聞いても雑音として耳から流れるだけで、脳には何も残りません。

英語力の上達に必要なことは、「英語の効果的なインプット」と「インプットした英語の定着」です。そして、インプットの際は、「文字」「音」「意味」の3点セットであることが必須です。というのも、3点セットでないと、「文字」を見ても、「音」を聞いても、「意味」がわからず、聞くことも読むこともできないからです。

聞くことも読むこともできない（＝知らない）英語は、もちろん話すことも書くこともできません。結局、何もできない（＝使えない）のですから、定着するはずもありません。

英語を、「文字」「音」「意味」の3点セットで脳にインプットするトレーニング方法が「音読」です。日本人が小学校で6年間音読を続けるように、英語圏の国々でもほとんどの小学校で音読をしています。実は何語でも同じで、言語をマスターするのに不可欠なトレーニングが「音読」なのです。

しかし、過去に英語の音読をしたことがあるが、あまり効果を感じなかったという方もいるかもしれません。あるいは、音読の意義はわかるが楽しくなかったという方もいるかもしれません。

そこで、「名スピーチ」×「速音読」なのです。速音読がなぜ効果的なのかは、次項で説明しますが、単なる音読と比べて何倍もの効果があります。名スピーチの速音読で、楽しく「英語回路」が育成されていく実感を味わってください。

本書の構成

本書は下記のような構成になっています。Fast、Slow、Speechの3種類の音声を聞きながら、名スピーチから抜粋した「心に響く英文」を何度もくり返し音読し、「英語回路」を育成しましょう。

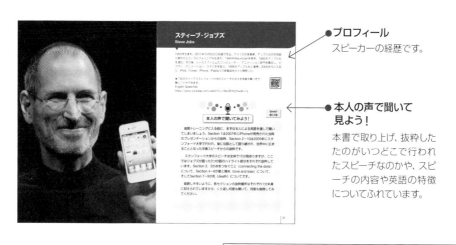

●プロフィール
スピーカーの経歴です。

●本人の声で聞いて見よう!
本書で取り上げ、抜粋したのがいつどこで行われたスピーチなのかや、スピーチの内容や英語の特徴についてふれています。

●トラック番号

Fast
ネイティブのナレーターが自然な速度で声に出して読み上げた音声です。

Slow
ネイティブのナレーターがゆっくりめの速度で読み上げた音声です。

Speech
スピーカー本人の音声です。

●スクリプト
音読用のスクリプトで、音読しやすいように改行しています。

Section ❶

iPhone 発売当時の伝説のプレゼンテーション

Track　Fast 11　Slow 12　Speech 01

The iPhone is three awesome products in one.

It's a breakthrough phone.

If it was nothing but a phone, it would be a breakthrough.

You can actually use it, and use all of its amazing features, 'cause it's really, really easy to use.

It's a very powerful phone.

It's super easy to use.

In addition to that, it is the best iPod we've ever made.

It's got Cover Flow on it.

It's awesome for music.

It's awesome for video.

The screen is really nice to watch TV shows and movies and other video on.

It's great to watch YouTube on as well.

And it is—for the first time on a mobile device, you can have the internet in your pocket.

(121 words)

● **セルフチェック**
各セクションの速音読の最高タイムを表に書き込んで、毎分何語（words /分）で音読できたかを計算しましょう。

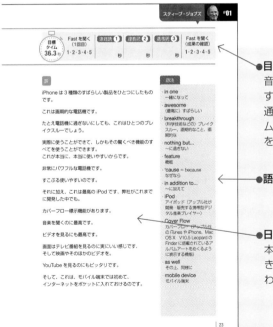

● **目標タイム**
音読トレーニングを行う際の記入欄です。各セクションには3回の速音読を通じて最終的な目標とする「目標タイム」が設定されています。詳細は*p.18*を参照してください。

● **語注**

● **日本語訳**
本書では「英語を英語のまま」理解できるように、なるべく英文の語順に合わせた日本語訳になっています。

音声ダウンロードについて

Langoo のスマホアプリをダウンロードすることで、音声を聞くことができます。

ダウンロード音声の再生は無料です。

会員登録が必要になります。

iPhone

をお使いの方は
右の QR コードより
ダウンロード

Android

をスマホお使いの方は
右の QR コードより
ダウンロード

ダウンロード後の手順

① スマホのホーム画面で Langoo アプリ を起動した後、「アカウント登録」を行います。

▼

② その後、無料音声 > から『名スピーチで英語「速」音読』をクリックします。

＊別途販売のアプリ学習は有料になります。

＊アプリに関するお問い合わせはアプリの制作元の Langoo にメールもしくはフォーム記入でお願い致します。

【お詫びとお知らせ】

ご購入のお客様へ

本書『名スピーチで英語「速」音読』は刊行時に(2020年2月)、音声ダウンロードの方法としてスマホアプリ_angooをご案内しておりましたが(12ページ)、Langooは2021年10月にサービスを終了してしまい、現在はご利用できない状態です。

お客様には大変なご迷惑をおかけし、申し訳ございません。

弊社HPにて音声ファイルを提供しておきます。つきましてはお使いのパソコンにて下記リンク先よりMP3音声をダウンロードし(※1)パソコンでご利用いただくか、スマホに転送しご自身がお使いの音楽再生アプリにてご利用ください(※2)。

ダウンロード先はこちら

https://www.cosmopier.com/download/4864541426/

※1圧縮ファイルでのご提供になります。展開してお使いください。
※2スマホアプリの使い方につきましてはアプリ製作元にご確認ください。

さあ、
音読習慣を
つけよう！

音読で 英語回路 を育成しよう

「英語回路」で、英語を英語の語順で理解する

「英語回路」とは、脳科学者である東北大学の川島隆太教授がつくった言葉で、日本人の英語学習者が後天的に獲得する、英語を使うときに働く脳の機能のことです。

英語と日本語は語順が違います。ですから、単語と文法の知識を増やし、英文を日本語に訳せるように勉強しても、英語のまま理解できるようにはなりません。英語を日本語に置き換え、脳の日本語回路を使って理解できるようになるだけです。

例えば、He is my best friend from childhood. を日本語回路で読めば、「彼は（He）、子供の頃からの（from childhood）、私の親友（my best friend）、です（is）」となり、目が英文を前後することになってしまいます（下図）。

He is my best friend from childhood.
①　④　　　　③　　　　　　②

読む際は、日本語回路を使って理解することも可能ですが、速く読むことができません。一方、英文を聞く場合は、相手の話すスピードにあわせて理解しなければなりませんし、耳を前後させて聞くこともできませんから、日本語回路では聞き取りは困難です。

「英語回路」で、日本語に訳さず理解する

　また、英語をスピーディに理解するには、英語の語順で理解するだけでなく、日本語訳をせずに、英語のまま理解することが必要です。人間の脳は、「映像を処理するコンピュータ」と言われることもあり、理解できるとはつまり、イメージできる（映像化できる）ということにほかなりません。

　次の英文を読んで、状況をイメージできるかどうか、試してみてください。

The iPhone is three awesome products in one. It's a breakthrough phone. If it was nothing but a phone, it would be a breakthrough. You can actually use it, and use all of its amazing features, 'cause it's really, really easy to use.

　完全な映像が浮かばないまでも、iPhoneについての説明や描写がイメージできれば、英語のまま理解できているということです。今度は、この英文の日本語訳を読んで、同じようにイメージしてみてください。

「iPhoneは3種類のすばらしい製品をひとつにしたものです。これは画期的な電話機です。 たとえ電話機に過ぎないにしても、これはひとつのブレイクスルーでしょう。実際に使うことができて、その驚くべき機能のすべてを使うことができます。それはiPhoneが本当に、本当に使いやすいからなのです 」。

　どうでしょう？　英文を読んだときよりも、はっきりとイメージできた方が多いのではないでしょうか？　英文でも、日本語と同じレベルで、内容をイメージできたら英語回路の完成です。

音読・速音読で、「英語回路」を育成する

　「英語を日本語に置き換えずに、英語の語順でイメージ処理する」。この練習を脳にさせ、英語回路を育成する方法が、音読と速音読です。意味のわかった英文を音読し、音読のスピードを上げることで、「英語の文法体系を脳のネットワークに組み込み、英語回路を作ること」ができます。

　「意味のわかった英文」とは、日本語と同じレベルで「イメージがわく英文」ということです。そのために、日本語訳を活用します。日本語訳を音読して、十分に脳にイメージをわかせてから、同じ意味の英文を音読するのです。特にスピーチは心に響き、情景が浮かびやすいので音読の素材として最適です。

　「音読のスピードを上げる」とは、ネイティブ・スピーカーが普通に音読するスピードを最低目標にして音読するということです。そのスピードで音読できれば、ネイティブ・スピーカーの話す英語を楽に聞ける（処理できる）ようになります。

音読・速音読のやり方

　ネイティブ・スピーカーは、完全に意味を理解しながら、毎分200語（1分間に200語のスピード）に近い速さで音読できます。これが速音読の最終目標スピードです。このスピードに近づく過程で、英語回路が育成されます。

　具体的には、「音読」→「速音読」の順でトレーニングします。

①音読
　120〜130語／分のスピードで、しっかりと意味を理解しながら、気持ちを込めて正確に音読します。

②速音読
　意味を理解しつつ、ネイティブ・スピーカーの最速（200語／分）を目標の目安として、音読スピードを上げていきます。

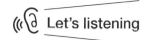

Let's listening 　**基本編**

聞く力を強化する

　以下の手順で、トレーニング（p.22〜）を行いましょう。速音読による英語回路の育成が、リスニング力の向上につながることが実感できるはずです。

> **STEP 1** 　音源　Fast　※を聞く
>
> **STEP 2** 　日本語訳を音読する
>
> **STEP 3** 　音源　Slow　※を聞き、英文を音読 ⇒ 3回くり返す
>
> **STEP 4** 　英文の速音読 1・2・3 （時間を記録する）
>
> **STEP 5** 　音源　Fast　を聞く（成果を確認する）

　トレーニング時間の目安は、ひとつの英文に対して1回（Step 1〜5）、10分程度です。秒数が測れるスマホのアプリか時計（できればストップウォッチ）を用意してください。

STEP 1 　**音源　Fast　を聞く**

　Fast（170〜180語／分）の音源を聞き、どの程度英文の内容を理解できるか確認しましょう。理解度を1〜5で評価して各英文の記録表に記入してください。

> **※評価の目安**
> 1：まったくわからない　2：ところどころわかる　3：半分くらいわかる
> 4：ほぼわかる　5：完全にわかる

STEP 2　日本語訳の音読

「日本語訳」を、内容を理解しながら、音読しましょう。英語を英語のまま理解しやすいように、英文の語順に極力合わせた訳がついています。

STEP 3　Slow　を聞き、英文の音読 ⇒ 3回くり返す

Slow（120 〜 130語／分）の音源を聞き、英文を目で追って、単語の発音を確認しましょう。その後で、英文を音読します。ここでは、Slowの音声スピードと同じぐらいの速さとリズムを意識して音読してください。この練習（音源を聞き、音読する）を3回くり返します。

STEP 4　英文の速音読 1・2・3 （時間の記録）

秒数を測りながら、英文を速音読します。3回くり返して、それぞれの時間を速音読1〜3の欄に記入します（下記の記入例参照）。1回目より、2回目。2回目より、3回目と、最高記録更新を目指して、音読スピードを上げていきましょう。

STEP 5　音源　Fast　を聞く（成果の確認）

最後にもう一度Fast（170 〜 180語／分）の音源を聞き、どの程度内容を理解できるか確認しましょう。再度、理解度を1 〜 5段階評価して、記録表に記入します（下表参照）。前より英語がゆっくり、はっきり聞こえるはずです。

※記録の記入例

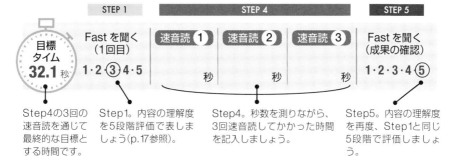

Steve Jobs

スティーブ・ジョブズ

スティーブ・ジョブズ
Steve Jobs

1955年生まれ。2011年10月5日に56歳で死去。アメリカの実業家。アップル社の共同設立者のひとり。カルフォルニア州生まれ。1984年Macintoshを発売。1985年アップル社を退社。その後、ルーカスフィルムのコンピューター・アニメーション部門を買収し、ピクサー・アニメーション・スタジオを設立。1996年アップル社に復帰。2000年代に入ると、iPod、iTunes、iPhone、iPadなどの新製品を次々と開発した。

★下記のサイトでスタンフォード大学のスピーチの全文を英語字幕つきで聞くことができます。
English Speeches
https://www.youtube.com/watch?v=1i9kcBHX2Nw&t=1s

本人の声で聞いてみよう！

Speech
01-10

　音読トレーニングに入る前に、まずは本人によるスピーチを通しで聞いてみましょう。Section 1は2007年にiPhoneが発売された当時のプレゼンテーションからの抜粋、Section 2〜10は2005年にスタンフォード大学の卒業式で行われ、後に伝説として語り継がれ、世界中に広まることとなった名スピーチからの抜粋です。

　スタンフォード大学でのスピーチは全体で15分程ありますが、ここではジョブズが語った3つの話のハイライト部分をそれぞれ抜粋しています。Section 2、3が「点をつなぐこと」(connecting the dots) について、Section 4〜6が「愛と喪失」(love and loss) について、そしてSection 7〜9が「死」(death) についてです。

　音読しやすいように、各セクションの抜粋箇所はそれぞれ1分未満に抑えられていますから、くり返し何度も聞いて、何度も音読してみてください。

iPhone 発売当時の
伝説のプレゼンテーション

	Fast	Slow	Speech
Track	11	12	01

The iPhone is three awesome products in one.

It's a breakthrough phone.

If it was nothing but a phone, it would be a breakthrough.

You can actually use it, and use all of its amazing features, 'cause it's really, really easy to use.

It's a very powerful phone.

It's super easy to use.

In addition to that, it is the best iPod we've ever made.

It's got Cover Flow on it.

It's awesome for music.

It's awesome for video.

The screen is really nice to watch TV shows and movies and other video on.

It's great to watch YouTube on as well.

And it is—for the first time on a mobile device, you can have the internet in your pocket.

(121 words)

目標タイム 36.3秒	Fast を聞く（1回目） 1・2・3・4・5	速音読 1 秒	速音読 2 秒	速音読 3 秒	Fast を聞く（成果の確認）1・2・3・4・5

訳

iPhone は 3 種類のすばらしい製品をひとつにしたものです。

これは画期的な電話機です。

たとえ電話機に過ぎないにしても、これはひとつのブレイクスルーでしょう。

実際に使うことができて、しかもその驚くべき機能のすべてを使うことができます。
これが本当に、本当に使いやすいからです。

非常にパワフルな電話機です。

すこぶる使いやすいのです。

それに加え、これは最高の iPod です、弊社がこれまでに開発した中でも。

カバーフロー標示機能があります。

音楽を聞くのに最高です。

ビデオを見るにも最高です。

画面はテレビ番組を見るのに実にいい感じです、
そして映画やそのほかのビデオを。

YouTube を見るのにもピッタリです。

そして、これは、モバイル端末では初めて、
インターネットをポケットに入れておけるのです。

語注

· in one
  一緒になって

· awesome
  （最高に）すばらしい

· breakthrough
  （科学技術などの）ブレイクスルー、画期的なこと、画期的な

· nothing but...
  ～に過ぎない

· feature
  機能

· 'cause ＝ because
  なぜなら

· in addition to...
  ～に加えて

· iPod
  アイポッド（アップル社が開発・販売する携帯型デジタル音楽プレイヤー）

· Cover Flow
  カバーフロー（アップル社の iTunes や iPhone、Mac OS X　V10.5 Leopard の Finder に搭載されているアルバムアートをめくるように表示する機能）

· as well
  その上、同様に

· mobile device
  モバイル端末

点と点をつなぐことの
重要性について

Track | Fast 13 | Slow 14 | Speech 02

Today I want to tell you three stories from my life.

That's it. No big deal. Just three stories.

The first story is about connecting the dots.

(omit)

I decided to take a calligraphy class to learn how to do this.

I learned about serif and sans serif typefaces,
about varying the amount of space between different letter combinations,
about what makes great typography great.

It was beautiful, historical, artistically subtle
in a way that science can't capture,
and I found it fascinating.

None of this had even a hope of
any practical application in my life.

But 10 years later, when we were designing the first Mac-intosh computer, it all came back to me.

And we designed it all into the Mac.

It was the first computer with beautiful typography.

(131 words)

目標タイム 39.3 秒

Fast を聞く（1回目） 1・2・3・4・5
速音読 1 秒
速音読 2 秒
速音読 3 秒
Fast を聞く（成果の確認） 1・2・3・4・5

 訳

今日はみなさんにお話ししたいと思います、私の人生から得られた3つの話を。

それだけです。大したことはありません。たった3つの話です。

最初の話は、点をつなぐことについてです。

（省略）

私は決めました、カリグラフィーの授業をとることを、カリグラフィーのやり方を覚えるために。

私は習いました。セリフとサンセリフについて。
スペースの大きさが異なることについて、異なる文字の組み合わせによって。
何が見事なタイポグラフィを見事にしているかについて。

それは美的に、歴史的に、芸術的に繊細なものでした、ある意味で、科学では捉えることができないものです。
私は思いました、それは魅惑的だと。

そのどれひとつとも、希望にはつながりませんでした、私の人生上の実際上の応用において。

しかし10年後、私たちがマッキントッシュ・コンピュータの第1号を設計しているとき、その全部がよみがえってきました。

私たちはその全部を設計に注ぎ込みました、マッキントッシュに。

それは最初のコンピュータでした、美しいタイポグラフィを備えた。

語注

· **That's it.**
そういうことです。それだけのことです。

· **No big deal**
つまらないことです。大騒ぎするほどのものではない。

· **calligraphy**
カリグラフィー。美しく書く手書き文字。日本の書道にあたる

· **serif**
セリフ。アルファベットについた細いヒゲのような飾り。漢字の明朝体に相当する

· **sans serif**
サンセリフ。セリフのついていない。漢字のゴチック体に相当する。sans はフランス語で英語の without。

· **typeface**
活字書体

· **typography**
タイポグラフィ。活字制作物の仕上がり

· **subtle**
繊細な

· **capture**
捕まえる、捉える

· **practical application**
実際の適用

· **come back to**
思い出される

過去を振り返ったとき初めて、
点と点がつながる

Fast	Slow	Speech
15	**16**	**03**

Track

If I had never dropped in on that single course in college, the Mac would have never had multiple typefaces or pro- portionally spaced fonts.

And since Windows just copied the Mac, it's likely that no personal computer would have them.

If I had never dropped out, I would have never dropped in on this calligraphy class, and personal computers might not have the wonderful typography that they do.

Of course it was impossible to connect the dots looking forward when I was in college.

But it was very, very clear looking backward 10 years later.

Again, you can't connect the dots looking forward;

you can only connect them looking backward.

So you have to trust that the dots will somehow connect in your future.

(124 words)

目標
タイム
37.2秒

Fast を聞く
（1回目）
1・2・3・4・5

速音読 **1**
秒

速音読 **2**
秒

速音読 **3**
秒

Fast を聞く
（成果の確認）
1・2・3・4・5

訳

もし聴講していなかったら、その単科を大学で、
Mac は備えていなかったでしょう、複数の書体や相対的
なスペースを持ったフォントを。

Windows は Mac を真似しただけなので、
ありそうなことです、そのような機能を備えたパソコン
が出てこないことは。

もし私が退学していなかったら、
私は聴講していなかったでしょう、カリグラフィーの授業を。
そしてパソコンが提供することはなかったかもしれません、
それらが備えているすばらしいタイポグラフィを。

もちろん不可能なことでした、未来を見て点をつなぐこ
とは。私が大学にいた時期には。

しかしそれはとても明らかなことでした、10 年後に振り
返ってみると。

くり返します、点をつなぐことはできません、未来を見て。

初めてつなぐことができるのです、過去を振り返って。

ですからみなさんは信じなければいけません、点が何か
の形でつながることを、
みなさんの未来において。

語注

· drop in on...
　〜を聴講する

· proportionally spaced
　fonts
　字間調整されたフォント

· drop out
　退学する。抜粋していない
　非掲載の部分で、ジョブズ
　はリード大学を中退したこ
　とを述べている

· look forward
　未来を見る、未来を参照する

事もあろうに私は自分が作った
会社から解雇された

Track | Fast 17 | Slow 18 | Speech 04

My second story is about love and loss.

I was lucky — I found what I loved to do early in life.

Woz and I started Apple in my parents' garage when I was 20.

We worked hard, and in 10 years Apple had grown
from just the two of us in a garage
into a $2 billion company with over 4,000 employees.

We had just released our finest creation — the Macintosh
— a year earlier, and I had just turned 30.

And then I got fired.

How can you get fired from a company you started?

(95 words)

目標タイム 28.5秒	Fast を聞く（1回目） 1・2・3・4・5	速音読 ① 秒	速音読 ② 秒	速音読 ③ 秒	Fast を聞く（成果の確認） 1・2・3・4・5

訳

私の2番目の話は愛と喪失についてです。

私は幸運でした。本当にやりたいことを見つけたのです、人生の早い時期に。

ウォズと私はアップル社を始めました、私の両親のガレージで、20歳のときです。

私たちは猛烈に働き、10年後、アップルは成長しました、ガレージでの2人だけの会社から、
20億ドルの会社へ、4,000人を超える従業員を持つ。

私たちは発売しました、私たちの最高の製品、マッキントッシュを、1年前倒しして。私が30歳になったばかりのときでした。

そのとき、私は解雇されました。

どうやったら解雇されるのでしょう、自分が始めた会社から？

語注

· Woz
  スティーブ・ウォズニアック
  （Stephen G. Wozniak）。
  アップル社の共同創業者

· garage
  ガレージ、車庫

· employee
  従業員

· creation
  創作物。創造したもの、作品という意味を込めてこの言葉を使っている

· fire
  解雇する

アップルから排斥された後も、私は自分の仕事が好きだった

I was a very public failure, and I even thought about running away from the valley.

But something slowly began to dawn on me
— I still loved what I did.

The turn of events at Apple had not changed that one bit.
I had been rejected,
but I was still in love.

And so I decided to start over.

I didn't see it then,
but it turned out that getting fired from Apple
was the best thing
that could have ever happened to me.

(84 words)

<table>
<tr><td>目標
タイム
25.2秒</td><td>Fastを聞く
（1回目）
1・2・3・4・5</td><td>速音読 1

秒</td><td>速音読 2

秒</td><td>速音読 3

秒</td><td>Fastを聞く
（成果の確認）
1・2・3・4・5</td></tr>
</table>

訳

私は世間に知られる失敗者でした。私は考えさえしました、シリコンバレーから逃げることを。

しかし私は何かを次第に理解し始めました。
私はいまだに好きでした、私のしていたことが。

アップル社における事態の展開は、そのことを少しも変えませんでした。
私は排斥されました、
でも私は未だに好きでした。

そこで決意しました、もう一度やり直すことを。

そのことはわかりませんでした、当時。
でも判明しました。アップルを解雇されたことは、
ベストなことだったのです、
私に起こり得たことのなかで。

語注

· failure
　失敗者

· the valley
　シリコンバレー

· dawn on...
　〜に理解され始める

· turn of events
　事態の展開

· reject
　拒絶する

· start over
　もう一度やり直す

· turn out
　わかる、判明する

アニメ会社のピクサーを立ち上げ、再びアップルに復帰した

| Track | Fast 21 | Slow 22 | Speech 06 |

During the next five years,
I started a company named NeXT,
another company named Pixar,
and fell in love with an amazing woman
who would become my wife.

Pixar went on to create
the world's first computer animated feature film, *Toy Story*,
and is now the most successful animation studio in the world.

In a remarkable turn of events,
Apple bought NeXT, I returned to Apple,
and the technology we developed at NeXT
is at the heart of Apple's current renaissance.

And Laurene and I have a wonderful family together.

I'm pretty sure none of this would have happened
if I hadn't been fired from Apple.

It was awful tasting medicine,
but I guess the patient needed it.

(118 words)

目標 タイム 35.4秒	Fastを聞く （1回目） 1・2・3・4・5	速音読 ①		速音読 ②		速音読 ③		Fastを聞く （成果の確認） 1・2・3・4・5
			秒		秒		秒	

訳

次の5年の間に、
私は始めました、NeXT と名づけた会社を、
そしてもうひとつ別の Pixar という会社を。
そして恋に落ちました、すばらしい女性と。
彼女は後に妻となります。

Pixar は製作に進みました、
世界初のコンピュータアニメの映画、『トイ・ストーリー』の。
Pixar は今では一番成功したアニメ製作会社です、世界で。

めざましい事態の展開のなかで、
アップルが NeXT を買収し、私はアップルに復帰しました。
そして私たちが NeXT で開発した技術が
あります、再生した現在のアップル社の中核に。

今ローレンと私はすばらしい家族を持っています。

私は確信しています、このようなことは起こらなかった
だろうと、
アップルから解雇されていなかったら。

それはひどい味のする薬でした。
でも思います、病人にはそれが必要だったのだと。

語注

・go on to...
　〜に進む、発達する

・studio
　（映画などの）製作会社

・remarkable
　注目に値する

・Laurene
　ローレン・ジョブズ。ジョ
　ブズの妻

・renaissance
　復興、再生

もし今日が人生最後の日だったら、今日したいことは何ですか？

My third story is about death.

When I was 17, I read a quote that went something like:

"If you live each day as if it was your last,
someday you'll most certainly be right."

It made an impression on me,
and since then, for the past 33 years, I have looked in the
mirror every morning and asked myself:

"If today were the last day of my life,
would I want to do what I am about to do today?"

And whenever the answer has been "No" for too many
days in a row,
I know I need to change something.

(102 words)

訳

私の三番目の話は死についてです。

私が 17 歳のとき、ある（本の）引用を読みました。こんなような内容でした。

「もしあなたが毎日を生きるなら、あたかもそれが人生最後の日のように、
いつの日かその通りになるだろう」

それは私に強い印象を与えました。
そのとき以降、過去 33 年間、私は鏡をのぞき込んできました、毎朝。そして自分に尋ねてきました。

「今日が人生最後の日だったら、
したいと思うだろうか、今日しようとしていることを？」

答えが「ノー」であるときは、あまりにも長い間続けて、
私はわかります、何かを変えなければいけないことが。

語注

· quote
引用

· certainly
確かに、きっと

· impression
印象、感銘

· look in
のぞき込む

· in a row
連続して、立て続けに

死を前にしたとき、本当に大切なことだけが残る

Track | Fast 25 | Slow 26 | Speech 08

Remembering that I'll be dead soon
is the most important tool I've ever encountered
to help me make the big choices in life.

Because almost everything
— all external expectations, all pride, all fear of embar-
rassment or failure
— these things just fall away in the face of death,
leaving only what is truly important.

Remembering that you are going to die
is the best way I know to avoid the trap
of thinking you have something to lose.

You are already naked.

There is no reason not to follow your heart.

(90 words)

目標タイム 27.0秒	Fast を聞く（1回目）1・2・3・4・5	速音読 1 秒	速音読 2 秒	速音読 3 秒	Fast を聞く（成果の確認）1・2・3・4・5

訳

私は遠からず死ぬと思い出すことが、
最も大切なツールです、これまで出合ってきたなかで。
大きな選択をする助けとなってくれる、人生において。

なぜならほとんどすべてのこと、
あらゆる外部からの期待、あらゆるプライド、あらゆる
窮迫や失敗に対する恐れ、
それらははがれ落ちていきます、死を前にしたときに。
ただひとつ残るのは、本当に大切なことだけです。

私たちは死ぬのだと考えることが、
私の知っている最良の方法です、罠にはまらないための、
失うものがあると考える。

私たちはすでに裸なのです。

理由はないのです、私たちの心に従わない。

語注

· external
　外の

· embarrassment
　金銭的窮迫

· fall away
　はがれ落ちる

· in the face of...
　～に直面して

· you
　（一般に）人は誰でも

· trap
　罠

他人の声に惑わされず、
自分の直観に従おう！

Your time is limited,
so don't waste it living someone else's life.

Don't be trapped by dogma
— which is living with the results of other people's thinking.

Don't let the noise of others' opinions drown out your own inner voice.

And most important, have the courage
to follow your heart and intuition.

They somehow already know what you truly want to become.

Everything else is secondary.

(66 words)

| 目標タイム 19.8秒 | Fast を聞く（1回目）1・2・3・4・5 | 速音読 **1** 秒 | 速音読 **2** 秒 | 速音読 **3** 秒 | Fast を聞く（成果の確認）1・2・3・4・5 |

訳

あなたの時間は限られています。
だから浪費してはいけません、だれか別の人の人生を生きることで。

定説による罠に落ちてはいけません。
それは生きることです、他人の思考の結果とともに。

他人の意見にかき消されてはいけません、自分の内なる声が。

最も大切なことです。勇気を持ってください、
自分の心と直観に従う。

それらは何らかの形ですでに知っているのです、
あなたが本当になりたいものを。

それ以外のことはすべて、二の次です。

語注

· **dogma**
　ドグマ、定説

· **drown out**
　かき消す

· **inner voice**
　内なる声

· **intuition**
　直観

· **somehow**
　何らかの形で

· **secondary**
　二義的な

ハングリーであり続けよ、愚か者であり続けよ！

Fast	Slow	Speech
29	**30**	**10**

Track

When I was young, there was an amazing publication called *The Whole Earth Catalog*,
which was one of the bibles of my generation.

It was created by a fellow named Stewart Brand.

Stewart and his team put out several issues of *The Whole Earth Catalog*, and then when it had run its course,
they put out a final issue.

It was the mid-1970s, and I was your age.

On the back cover of their final issue was a photograph of an early morning country road, the kind you might find yourself hitchhiking on if you were so adventurous.

Beneath it were the words: "Stay Hungry. Stay Foolish."

It was their farewell message as they signed off.

Stay Hungry. Stay Foolish.

And I have always wished that for myself.

And now, as you graduate to begin anew,
I wish that for you.

Stay Hungry. Stay Foolish.

(144 words)

目標タイム 43.2秒	Fast を聞く（1回目）1·2·3·4·5	速音読 ① 秒	速音読 ② 秒	速音読 ③ 秒	Fast を聞く（成果の確認）1·2·3·4·5

訳

私が若かった頃、すばらしい出版物がありました
『ホール・アース・カタログ』という。
それはバイブルの一冊でした、私の世代にとって。

作ったのは、スチュアート・ブランドという人物です。

スチュアートと彼の仲間たちは発刊しました、何号かの
『ホール・アース・カタログ』を。その後は成り行きで、
最終刊を出すに至りました。

70年代半ばで、私はみなさんと同じ年頃でした。

最終号の裏表紙は写真でした、早朝の田舎の道の。
みなさんがヒッチハイクをするときに見つけるかもしれ
ないような道です、あなたが冒険心に富んでいたらですが。

その写真の下に、言葉が添えられていました。
「ハングリーであり続けよ、愚か者であり続けよ」。

それは別れの挨拶でした、彼らが締めくくった。

ハングリーであり続けよ、愚か者であり続けよ。

私自身、いつもそうありたいと思っています。

今、新しい生活に向かって卒業するみなさんに、
私は同じことを願います。

ハングリーであり続けよ、愚か者であり続けよ。

語注

· publication
出版物

· bible
（特定の分野の）必読書

· put out...
～を出版する

· run its course
成り行きで進む、自然な経過をたどる

· sign off...
～で締めくくる

· begin anew
新たに始める

#01 Section 01 〜 10 のレビュー

各セクションの速音読の最高タイムを下の表に書き込んで、毎分何語（words / 分）で音読できたか計算しましょう。

Section ❶	7260 ÷ （	）秒＝	words／分
Section ❷	7860 ÷ （	）秒＝	words／分
Section ❸	7440 ÷ （	）秒＝	words／分
Section ❹	5700 ÷ （	）秒＝	words／分
Section ❺	5040 ÷ （	）秒＝	words／分
Section ❻	7080 ÷ （	）秒＝	words／分
Section ❼	6120 ÷ （	）秒＝	words／分
Section ❽	5400 ÷ （	）秒＝	words／分
Section ❾	3960 ÷ （	）秒＝	words／分
Section ❿	8640 ÷ （	）秒＝	words／分

※ words／分を計算したら、下のグラフにその数字を記入してみましょう。
　今のレベルを判定することができます。

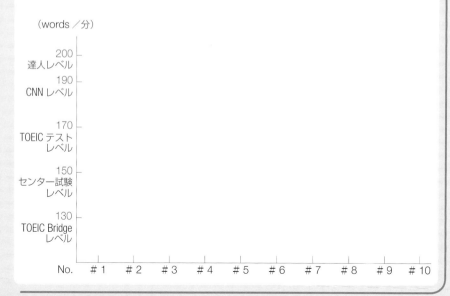

（words／分）

200 達人レベル	
190 CNN レベル	
170 TOEIC テスト レベル	
150 センター試験 レベル	
130 TOEIC Bridge レベル	

No.　＃1　＃2　＃3　＃4　＃5　＃6　＃7　＃8　＃9　＃10

Oprah Winfrey

オプラ・ウィンフリー

オプラ・ウィンフリー
Oprah Winfrey

1954年生まれ。アメリカのテレビ番組の司会者兼プロデューサー、慈善家。1986年〜2011年まで、トーク番組『オプラ・ウィンフリー・ショー』で司会を務めた。2007年バラク・オバマの選挙キャンペーンに参加。2018年第75回ゴールデングローブ賞でセシル・B・デミル賞を受賞。

★下記のサイトでスピーチの全文を英語字幕つきで聞くことができます。
English Speeches
https://www.youtube.com/watch?v=-54zUwySKCg&t=518s

Speech
31-35

本人の声で聞いてみよう！

　音読トレーニングに入る前に、まずは本人によるスピーチを通しで聞いてみましょう。ここに掲載したのは、アメリカで人気のテレビ司会者であるオプラ・ウィンフリーが2013年にハーバード大学卒業式で行ったスピーチからの抜粋です。

　一文が長く、音読がしづらい英文もあるものの、スピーチ全体としては意味の切れ目で効果的にポーズが取られ、抑揚やメリハリの利いた名調子で話されています。まさに数々のテレビ番組で司会を務めてきたオプラ・ウィンフリーらしい耳に心地よいスピーチとなっています。音読の練習にもうってつけの素材と言えるでしょう。

　スピーチの中にくり返し登場するG.P.S.、Was that okay?（あれで良かったかしら）といったキーワードを効果的に用いながら、スピーチの最後で再び回収する巧みな構成にも注目してみてください。

過去の失敗から学び、
感情的な GPS を育てよう！

| Track | Fast 36 | Slow 37 | Speech 31 |

When you're down in the hole,
when that moment comes,
it's really okay to feel bad for a little while.

Give yourself time to mourn
what you think you may have lost
but then here's the key, learn from every mistake
because every experience, encounter, and particularly
your mistakes are there
to teach you and force you into being more who you are.

And then figure out what is the next right move.

And the key to life is to develop
an internal moral, emotional G.P.S.
that can tell you which way to go.

(95 words)

目標タイム 28.5秒	Fast を聞く（1回目）1・2・3・4・5	速音読 1 秒	速音読 2 秒	速音読 3 秒	Fast を聞く（成果の確認）1・2・3・4・5

訳

あなたが 穴にはまったときは、
そのようなときが来たら、
気分を悪くしても本当にいいのです、しばらくは。

嘆くための時間を自分にあげてください、
あなたが失ったかもしれないと思うものについて。
しかし、その後で、ここで大事なことがあります、どの
失敗からも学ぶのです。
なぜかというと、どの経験も、どの出会いも、そして特
にあなたの失敗は、そこにあるのです。
あなたに教え、あなたに強いるために、今のあなた以上
の存在になることを。

そして次に考えるのです、次の適切な行動は何かを。

それから、人生で大事なことは育てることです、
内面的なモラル、感情的な GPS を。
それがあなたに教えてくれるでしょう、どの方向に進む
べきかを。

語注

· be down in the hole
  穴にはまっている

· feel bad
  気分を悪くする

· for a little while
  しばらくは

· mourn
  嘆く

· key
  重要なこと

· encounter
  出会い

· force into...
  （人に）～を強いる

· figure out
  考え出す

· internal moral
  内面的なモラル

· emotional
  感情的な

· G.P.S. = Global
  Positioning System
  グローバル・ポジショニン
  グ・システム、全地球測位
  システム（アメリカが運用
  する衛星測位システム、地
  球上の現在位置を測定す
  る）。ここでは自分の現在
  地を確かめるツールという
  意味で比喩的に用いている

テレビに使われるのではなく、テレビを使うのだと悟った

Track　Fast 38　Slow 39　Speech 32

I want you to know,
it isn't always clear in the beginning
because as I said I had been on television
since I was 19 years old.

But around '94 I got really clear.

So don't expect the clarity to come all at once,
to know your purpose right away,

but what became clear to me was
that I was here on Earth to use television
and not be used by it;
to use television to illuminate the transcendent power of
our better angels.

(83 words)

目標タイム **24.9**秒 Fast を聞く（1回目）1・2・3・4・5 | 速音読 **1** 秒 | 速音読 **2** 秒 | 速音読 **3** 秒 | Fast を聞く（成果の確認）1・2・3・4・5

訳

みなさんに知ってもらいたいのです、
それは常に明確ではないことを、最初は。
というのは、さっき言ったように、私はずっとテレビに出ていたのです、
19 歳のときから。

しかし、1994 年頃、本当によくわかったのです。

ですから、期待しないでください、はっきりわかるときが来ることを、突然に、
そして、自分の目的がすぐにわかることを。

しかし、私にはっきりわかったことは、
私はこの地球上にいるのです、テレビを利用するために、
それに利用されるためでなく。
テレビを使ってスポットライトを当てるために、優しい心のすばらしい力に。

語注

- in the beginning
  最初は
- expect
  期待する
- clarity
  明快さ
- all at once
  突然に
- purpose
  目的
- illuminate
  照らす
- transcendent
  抜群の、卓越した
- better angel
  人間の本性の善の部分

私たちの誰もが理解されたがっている という共通点について

I have to say that the single most important lesson
I learned in 25 years
talking every single day to people,
was that there is a common denominator in our human
experience.

Most of us, I tell you.

We don't want to be divided.

What we want, the common denominator
that I found in every single interview,
is we want to be validated.

We want to be understood.

I have done over 35,000 interviews in my career
and as soon as that camera shuts off,
everyone always turns to me
and inevitably in their own way asks this question
"Was that okay?"

(102 words)

訳

言っておきますが、唯一で最も大事な教訓は、
私が学んだ、25 年間に、
毎日欠かさず人々に話しかけながら、
（それは）共通点があるということでした、私たち人間の経験には。

私たちのほとんどは、ここが大事なのですが。

私たちは分けられたくないのです。

私たちが望むこと、共通点は、
私が気づいた、どのインタビューにおいても、
（それは）私たちは認められたいということです。

私たちは理解されたいのです。

私は 3 万 5000 以上のインタビューをしてきました、
私の仕事の中で。
そしてカメラのスイッチが切られるとすぐ、
誰もがいつも私のほうを向いて、
そして必ず、彼ら自身の方法で、こう尋ねるのです。
「あれで良かった？」と。

語注

· single most...
　唯一で最も〜な
· lesson
　教訓
· every single day
　1 日も欠かすことなく
· common denominator
　共通点
· I tell you
　ここが大事なのですが、
· divide
　分ける
· validate
　正当だと認める
· shut off
　（スイッチなどが）切れる
· inevitably
　必ず

大統領でも犯罪者でも、
誰もが大丈夫だったかと気になる

| Track | Fast 42 | Slow 43 | Speech 34 |

I heard it from President Bush,

I heard it from President Obama.

I've heard it from heroes and from housewives.

I've heard it from victims and perpetrators of crimes.

I even heard it from Beyonce and all of her Beyonceness.

She finishes performing, hands me the microphone and says,
"Was that okay?"

Friends and family, yours, enemies, strangers
in every argument in every encounter, every exchange
I will tell you, they all want to know one thing:

Was that okay?

Did you hear me?

Do you see me?

Did what I say mean anything to you?

(96 words)

目標タイム **28.8** 秒	Fast を聞く（1回目）1・2・3・4・5	速音読 **1** 秒	速音読 **2** 秒	速音読 **3** 秒	Fast を聞く（成果の確認）1・2・3・4・5

訳

私はそれを聞きました、ブッシュ大統領から、

私はそれを聞きました、オバマ大統領から。

私はそれを聞きました、英雄から、そして主婦から。

私はそれを聞きました、事件の被害者や加害者から。

私はそれを聞きさえしました、ビヨンセと彼女のすべてのビヨンセネスから。

彼女はパフォーマンスを終え、私にマイクを渡して言うのです、
「あれで良かった？」と。

友だちや家族も、あなたの友だちも家族も、敵も、知らない人たちも、
すべての議論において、すべての出会いにおいて、すべての言葉のやりとりにおいて、
いいですか、みんなは知りたいのです、ひとつのことを。

あれで良かったですか？

私の話を聞いてくれましたか？

私が見えましたか？

私が言ったことは、あなたにとって何か意味がありましたか？

語注

· victim
  犠牲者、被害者
· perpetrator
  加害者
· crime
  犯罪（事件）
· Beyonce
  ビヨンセ（アメリカのシンガーソングライター、ダンサー、音楽プロデューサー、女優）
· Beyoncenss
  ビヨンセネス。ビヨンセが象徴するような人たち
· enemy
  敵
· argument
  議論
· encounter
  出会い
· exchange
  言葉を交わすこと

あなたの中にある GPS に
耳を傾ければ絶対に大丈夫！

| Track | Fast 44 | Slow 45 | Speech 35 |

From time to time you may stumble, fall,
you will for sure, count on this, no doubt,
you will have questions and you will have doubts about
your path.

But I know this,
if you're willing to listen to, be guided by,
that still small voice
that is the G.P.S. within yourself,
to find out what makes you come alive,
you will be more than okay.

You will be happy,
you will be successful,
and you will make a difference in the world.

Congratulations Class of 2013.

Congratulations to your family and friends.

Good luck, and thank you for listening.

"Was that okay?"

(103 words)

目標
タイム
30.9秒

Fast を聞く
（1回目）
1・2・3・4・5

速音読 1

速音読 2
秒

速音読 3
秒

秒

Fast を聞く
（成果の確認）
1・2・3・4・5

訳

ときには、あなたはつまずき、転ぶかもしれません、
あなたはきっと、こんなことは承知しているでしょう、もちろん。
あなたは疑問を持ち、疑いを抱くでしょう、自分の進む道について。

しかし、私にはわかっています、
もしあなたが進んで耳を傾けたり、導かれたりするなら、
そのまだ小さい声に。
それはあなた自身の中にある GPS です、
見つけ出すための、あなたを元気にさせてくれるものを。
（それで）あなたは絶対に大丈夫でしょう。

あなたは幸せになるでしょう、
あなたは成功するでしょう、
そして変化をもたらすことでしょう、世の中に。

おめでとう、2013 年卒業のみなさん。

おめでとう、家族や友人のみなさん！

幸運を祈ります、そして静聴ありがとうございました。

「これで良かったですか？」

語注

· from time to time
時折

· stumble
つまずく

· fall
転ぶ

· for sure
必ず、きっと

· count on
予想する

· no doubt
疑いなく、もちろん

· come alive
元気になる、生き生きする

· more than okay
完全に OK

· make a difference
変化をもたらす

· Class of 2013
2013 年度の卒業生

Self Check

#02 Section 01 ～ 05 のレビュー

各セクションの速音読の最高タイムを下の表に書き込んで、毎分何語（words／分）で音読できたか計算しましょう。

Section ❶	5700 ÷ (	) 秒＝	words／分
Section ❷	4980 ÷ (	) 秒＝	words／分
Section ❸	6120 ÷ (	) 秒＝	words／分
Section ❹	5760 ÷ (	) 秒＝	words／分
Section ❺	6180 ÷ (	) 秒＝	words／分

※ words／分を計算したら、下のグラフにその数字を記入してみましょう。
　今のレベルを判定することができます。

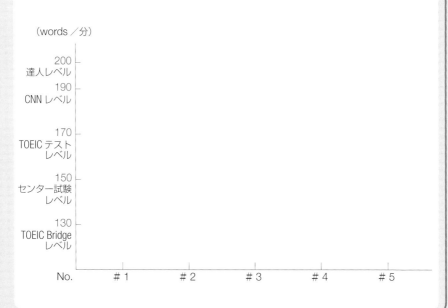

（words／分）

| 200 達人レベル |
| 190 CNN レベル |
| 170 TOEIC テスト レベル |
| 150 センター試験 レベル |
| 130 TOEIC Bridge レベル |

No. 　　＃1　　　＃2　　　＃3　　　＃4　　　＃5

読む力を強化する

　基本編のトレーニング（Step 1 〜 5）の応用で、リーディング力（速読力）も強化することができます。試しに、「基本編〈聞く力を強化する〉」のトレーニングStep 1と5で音源【Fast】を聞いた後で、秒数を測りながら、英文を黙読してみると、速読スピードが向上したのがわかるはずです。

STEP 1　音源　Fast　を聞く

　　　　　黙読する（時間を測る）←

STEP 2　日本語訳を音読する

STEP 3　音源　Slow　を聞き、英文を音読 ⇒ 3回くり返す

STEP 4　英文の速音読 1・2・3 （時間を記録する）

STEP 5　音源　Fast　を聞く（成果を確認する）

　　　　　黙読する（時間を測る）←

音読と速音読で、「速読力」を養う

　速音読すると、黙読（速読）スピードが向上するのは、黙読は声に出さない音読だからです。ネイティブ・スピーカーは黙読するときにも、脳の音声領域が反応しています。速音読した後で黙読すると、物理的に口を動かして声を出すというブレーキが外れ、速読スピードが一気に上がるのです。

　日本人は、2歳くらいで言葉を聞き始め、3歳で意味のある文を話し始め、4歳で読み始めますが、まだ黙読はできません。黙読ができるのは、小学校で教科書を音読し、2年生になる頃だとされています。音読を続けると、文字を見るだけで、脳の音声領域が反応するようになり、黙読できるようになるのです。この原理は、日本語でも英語でも同じです。

脳の音声領域が反応すると、黙読できる（内容が理解できる）のはなぜでしょう？　子供は、親から食べ物を見せられながら「マンマよ」などと話しかけられることで、音（リズム）と絵（イメージ）を結びつけて、聞けるようになります。次に、頭にあるイメージをリズムで伝えることで、話せるようになります。読む際は、音読することで、文字をリズムに変換し、イメージを浮かべて理解します。やがて、音読せずに、文字をリズムに変換できるようになり、黙読できるようになるのです。

ですから、音読できない英文は、黙読（速読）もできない（意味がわからない）のが自然です。反対に、黙読できる英文は、音読もできますし、聞いてもわかるのです。

意味の区切りを意識して、音読する

ネイティブ・スピーカーが、黙読（速読）する際に、文字をリズムに変換するのは、単語の単位ではありません。実際に話される際と同様に、意味の区切り単位で、リズムに変換しています。意味の区切りとは、「誰が」「どうした」「誰に」「いつ」「どこで」「どんなふうに」といったことです。

日本語で、「私は毎日テレビを見ます」であれば、「私は / 毎日 / テレビを / 見ます」というリズムが最小単位で、人によって「私は毎日 / テレビを見ます」といった違いはあっても、「私 / は / 毎 / 日 / テ / レ / ビ / を / 見 / ま / す」とは、言わないのと同じです。

ネイティブ・スピーカーは、文字を見れば、自然にリズムに変換できます。では、英語のネイティブ・スピーカーでない私たちが、文字（英文）をリズムに変換できるようになるには、どうしたら良いのでしょう？

それは、毎日10分で構いませんから、音読習慣を作り、リズムを意識して、音読・速音読を行うことです。これに、速読（黙読）の実践としての多読が加わることで、リーディング力が開花します。

Jeff Bezos

ジェフ・ベゾス

ジェフ・ベゾス
Jeff Bezos

1964年生まれ。ニューメキシコ州生まれ。アメリカの実業家。Amazon.comの創設者。1995年インターネット書店のAmazon.comをスタート。1999年*Time*誌のパーソン・オブ・ザ・イヤーに選出。2000年有人宇宙飛行開発企業のブルーオリジンを設立。2007年、電子ブックリーダー端末である「キンドル」を発売。2008年、カーネギーメロン大学から名誉博士号を授与された。2013年ワシントン・ポストを買収。フォーブスの世界長者番付2018でビル・ゲイツを抜いて初の世界首位となっている。

★下記のサイトでスピーチの全文を英語字幕つきで聞くことができます。
English Speeches
https://www.youtube.com/watch?v=2u2Sd9MeFUc&t=192s

本人の声で聞いてみよう！

Speech
46-50

　音読トレーニングに入る前に、まずは本人によるスピーチを通しで聞いてみましょう。ここに掲載したのは、Amazon創業者のジェフ・ベゾスが2010年にプリンストン大学の卒業式で行ったスピーチからの抜粋です。メインとなるテーマは才能（gifts）と選択（choices）のちがいについてです。

　Section 1で才能と選択の定義について述べた後、Section 2ではこれからも多くの才能に恵まれ、人間の脳の仕組みも解明されるだろうという明るい未来を予見しています。

　Section 3、4では、インターネット社会の到来を予感したベゾスがオンライン書店の会社（Amazon）を起業するという一世一代の「選択」を行う体験談を語っています。

　Section 5では、自身の体験談を踏まえ、聴衆に文字通り二者択一の「選択」を迫るという極めて印象的な構成のスピーチとなっています。will youから始まる文がくり返されるリフレインを、ぜひマネして何度も音読してみてください。

賢さは単なる才能に過ぎないが、優しさとは苦渋の選択である

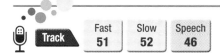

Track | Fast **51** | Slow **52** | Speech **46**

What I want to talk to you about today
is the difference between gifts and choices.

Cleverness is a gift, kindness is a choice.

Gifts are easy—they're given after all.

Choices can be hard.

You can seduce yourself with your gifts
if you're not careful, and if you do,
it'll probably be to the detriment of your choices.

This is a group with many gifts.

I'm sure one of your gifts
is the gift of a smart and capable brain.

I'm confident that's the case
because admission is competitive
and if there weren't some signs that you're clever,
the dean of admission wouldn't have let you in.

Your smarts will come in handy
because you will travel in a land of marvels.

(123 words)

| 目標タイム 36.9秒 | Fast を聞く（1回目）1・2・3・4・5 | 速音読 1 ⬤ 秒 | 速音読 2 ⬤ 秒 | 速音読 3 ⬤ 秒 | Fast を聞く（成果の確認）1・2・3・4・5 |

訳

私がみなさんにお話ししたいことは、今日、
違いについてです、才能と選択の。

賢さは生まれつきの才能であり、優しさは選択です。

才能には努力がいりません——それは与えられているか
らです、結局のところ。

選択はときに難しいことがあります。

惑わされることがあります、自分の才能に、
気をつけていないと。そうなると、
それが恐らく妨げとなるでしょう、あなたの選択の。

ここにいるみなさんは集団です、多くの才能にあふれた。

きっと、あなた方の才能のひとつは
賜物に違いありません、賢く有能な脳という。

自信があります、それが事実である。
なぜなら（大学に）入学する競争率は高いですし、
もし何らかの証明がなかったら、あなたが賢いという、
入学試験事務局長があなたを入学させなかったでしょう。

みなさんの賢さが役に立つでしょう。
なぜならみなさんは旅することになるのですから、何が
起こるかわからない世界を。

語注

· gift
　天賦の才、賜物

· cleverness
　賢さ

· kindness
　親切、思いやり

· seduce
　誘惑する、そそのかす

· to the detriment of...
　～に損害を与えて

· smart
　賢い、賢さ

· capable
　有能な

· case
　事実

· admission
　入学

· competitive
　競争の激しい

· dean
　学部長

· come in handy
　役に立つ

· marvel
　驚異、驚くべきこと

みなさんの才能によって、
多くのことが解明されるだろう

| Track | Fast 53 | Slow 54 | Speech 47 |

We humans—plodding as we are—will astonish ourselves.

We'll invent ways to generate clean energy and a lot of it.

Atom by atom, we'll assemble machines
that will enter cell walls and make repairs.

This month comes the extraordinary but inevitable news
that we've synthesized life.

In the coming years, we'll not only synthesize it,
but we'll engineer it to specifications.

I believe you'll even see us understand the human brain.

Jules Verne, Mark Twain, Galileo, Newton
—all the curious from the ages
would have wanted to be alive most of all right now.

As a civilization, we will have so many gifts,
just as you as individuals have so many individual gifts
as you sit before me.

How will you use these gifts?

(126 words)

	Fast を聞く（1回目）	速音読 1	速音読 2	速音読 3	Fast を聞く（成果の確認）
目標タイム 37.8秒	1・2・3・4・5	秒	秒	秒	1・2・3・4・5

訳

私たち人間は、のろのろと進んでいますが、いつか自分たちを驚かせます。

私たちは方法を発明するでしょう、クリーンなエネルギーを大量に作り出す。

ほんの少しずつ、私たちは機械を組み立てるでしょう。それは、細胞壁に入り込み、修復を行うでしょう。

今月、飛び込んできました、驚くべき、しかしいつかは起こると予期されていたニュースが。
（それは）生命が合成されたというものです。

今後数年間に、私たちは生命を合成するだけでなく、設計するようになるでしょう、色々な仕様に合わせて。

きっとみなさんは見ることになるでしょう、私たちが人間の脳の仕組みを解明するのを。

ジュール・ヴェルヌ、マーク・トウェイン、ガリレオ、ニュートン、
——歴代のあらゆる探求者たちは、
望んだことでしょう、今の時代にこそ生きていたかったと。

ひとつの文明として、私たちは数多くの才能に恵まれることでしょう。
ちょうど個人としてのみなさんが持っている、多くの個々の才能のように。
私の前に座っているみなさんのことです。

みなさんはどのように使いますか、こうした才能を？

語注

- plod
  ゆっくり進む、こつこつ働く
- astonish
  ひどく驚かせる
- invent
  発明する
- generate
  起こす、生み出す
- atom by atom
  ほんの少しずつ
- assemble
  組み立てる
- repair
  修理、修復
- extraordinary
  異常な、並外れた
- inevitalbe
  不可避の
- synthesize
  統合する、合成する
- to specification
  仕様に合わせて
- curious
  好奇心をそそる、知りたがりの
- alive
  生きて、活発な
- most of all
  何より
- civilization
  文明
- individual
  個人

オンラインの書店をつくるという考えが私の心を震わせた

Track | Fast 55 | Slow 56 | Speech 48

I got the idea to start Amazon 16 years ago.

I came across the fact
that Web usage was growing at 2,300 percent per year.

I'd never seen or heard of anything that grew that fast,

and the idea of building an online bookstore
with millions of titles
—something that simply couldn't exist in the physical world
—was very exciting to me.

I had just turned 30 years old,
and I'd been married for a year.

I told my wife MacKenzie
that I wanted to quit my job and go do this crazy thing
that probably wouldn't work since most startups don't,
and I wasn't sure what would happen after that.

MacKenzie told me I should go for it.

(119 words)

目標 タイム **35.7**秒	Fast を聞く （1回目） 1・2・3・4・5	速音読 **1** 秒	速音読 **2** 秒	速音読 **3** 秒	Fast を聞く （成果の確認） 1・2・3・4・5

訳

私は Amazon を始めることを思いつきました、16 年前に。

事実に直面したからです、
ウェブの利用が増加しているという、年2300％の割合で。

それまで見たり聞いたりしたことはありませんでした、
そんなに速く成長するものを。

そして、オンライン書店をつくるというアイデアは、
数百万冊をそろえた、
存在することができないものであり、物理世界では、
とても心躍るものでした。

私はちょうど 30 歳になったばかりで、
結婚して 1 年たっていました。

私は妻のマッケンジーに話しました。
仕事を辞めてこの突拍子もないことを始めたいと。
それは、うまくいかない可能性があると、たいていの新規事業がそうなので。
私にはわからないと、その後にどうなるか。

マッケンジーは私に言いました、やってみるべきよと。

語注

· **come across...**
~に出くわす

· **usage**
使用、利用

· **physical world**
現実の世界。ネットではなく、リアルな世界のこと

· **quit**
辞める

· **startup**
操業開始（の会社）、新規事業

· **go for it**
頑張ってやってみる

会社を辞め、Amazon 設立
という難しい選択に賭けた

| Track | Fast 57 | Slow 58 | Speech 49 |

I went to my boss and told him
I wanted to start a company
selling books on the Internet.

He took me on a long walk in Central Park,
listened carefully to me, and finally said,

"That sounds like a really good idea,
but it would be an even better idea
for someone who didn't already have a good job."

That logic made some sense to me,
and he convinced me to think about it for 48 hours
before making a final decision.

Seen in that light, it really was a difficult choice,
but ultimately, I decided I had to give it a shot.

I didn't think I'd regret trying and failing.

(114 words)

| 目標タイム 34.2秒 | Fastを聞く（1回目） 1・2・3・4・5 | 速音読 ① 秒 | 速音読 ② 秒 | 速音読 ③ 秒 | Fastを聞く（成果の確認） 1・2・3・4・5 |

訳

私は会社の上司のところへ行って伝えました、
会社を始めたいと、
インターネットで本を販売する。

彼は私を長い散歩に連れ出しました、セントラルパークへ。
私の話に注意深く耳を傾け、最後にこう言いました。

「それは本当にいいアイデアのように思えるよ。
いや、もっとよいアイデアだろう、
まだいい仕事に就いていない人にとっては」と。

その理屈はなるほどと思わせました、私を。
そして彼は私を説得したのです、48時間じっくり考えてみるようにと、
最後の決断をする前に。

その意味では、本当に難しい選択でした。
しかし、結局私は決心しました、それに挑戦すべきだと。

考えもしませんでした、後悔するかもしれないと、挑戦して失敗したことを。

語注

· make some sense
　道理にかなう、なるほどと思わせる

· convince
　確信させる、納得させる

· seen in that light
　その見地から見れば、その意味では

· ultimately
　最終的に

· give it a shot
　試しにやってみる、挑戦してみる

旅立つ君たちへと贈る、
これから決断すべき数々の選択

| Track | Fast 59 | Slow 60 | Speech 50 |

Tomorrow, in a very real sense, your life
—the life you author from scratch on your own—begins.

How will you use your gifts?

What choices will you make?

Will inertia be your guide, or will you follow your passions?

Will you follow dogma, or will you be original?

Will you choose a life of ease,
or a life of service and adventure?

Will you wilt under criticism,
or will you follow your convictions?

Will you bluff it out when you're wrong,
or will you apologize?

Will you guard your heart against rejection,
or will you act when you fall in love?

Will you play it safe,
or will you be a little bit swashbuckling?

When it's tough, will you give up,
or will you be relentless?

Will you be a cynic, or will you be a builder?

Will you be clever at the expense of others,
or will you be kind?

(154 words)

訳

明日、まさに本当の意味で、あなたの人生、
あなたがゼロから生み出す人生が、始まります。

どのように使うつもりですか、自分の才能を？

どんな選択ですか、あなたが下すのは？

惰性に任せますか、自分の進む道を。それとも従いますか、
自分の情熱に？

従いますか、定説に。それとも独創的であろうとしますか？

選びますか、楽な人生を。
それとも人の役に立ち、冒険に満ちた人生でしょうか？

意気消沈しますか、非難されたら。
それとも従いますか、自分の信念に？

ごまかしますか、間違ったときは。
それとも謝りますか？

自分の心を守りますか、拒絶に対して。
それとも行動しますか、恋に落ちたときに？

安全第一ですか、それとも少し強気に出ますか？

タフな局面のとき、あきらめますか。
それとも粘り続けますか？

あなたはなりますか、皮肉屋に。
それともなりますか、何かを生み出す人に？

ずる賢くなりますか、他人を犠牲にして。
それともなりますか、親切に？

語注

- author 生み出す、作者になる
- from scratch 最初から、ゼロから
- gift 才能
- inertia 惰性
- passion 情熱
- dogma ドグマ、定説
- adventure 冒険（心）
- wilt 元気がなくなる
- criticism 非難
- conviction 確信、信念
- bluff it out うまくごまかしてその場を乗り切る
- apologize 謝る
- rejection 拒絶
- fall in love 恋に落ちる
- play it safe 安全策をとる
- swashbuckling 向こう見ずな
- relentless いつまでも続く、容赦のない
- cynic 皮肉屋
- at the expense of... ～を犠牲にして

Self Check

#03 Section 01 〜 05 のレビュー

各セクションの速音読の最高タイムを下の表に書き込んで、毎分何語（words ／分）で音読できたか計算しましょう。

Section ❶ 7380 ÷ (　　　　　　　) 秒＝　　　　　　　words ／分

Section ❷ 7440 ÷ (　　　　　　　) 秒＝　　　　　　　words ／分

Section ❸ 7140 ÷ (　　　　　　　) 秒＝　　　　　　　words ／分

Section ❹ 6840 ÷ (　　　　　　　) 秒＝　　　　　　　words ／分

Section ❺ 9240 ÷ (　　　　　　　) 秒＝　　　　　　　words ／分

※ words ／分を計算したら、下のグラフにその数字を記入してみましょう。
　今のレベルを判定することができます。

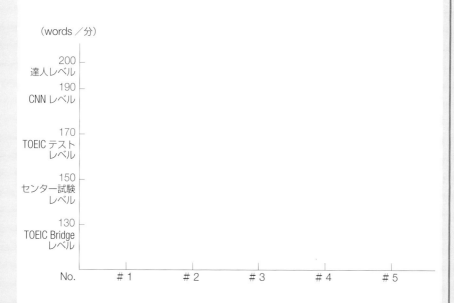

（words ／分）

200 達人レベル	
190 CNN レベル	
170 TOEIC テスト レベル	
150 センター試験 レベル	
130 TOEIC Bridge レベル	

No.　　　# 1　　　# 2　　　# 3　　　# 4　　　# 5

J. K. Rowling

J.K.ローリング

J.K. ローリング

J. K. Rowling

1965年生まれ。イングランド出身。イギリスの小説家。「ハリーポッターシリーズ」の作者。大英帝国勲章を受章。1997年に「ハリーポッターシリーズ」の第1作となる『ハリー・ポッターと賢者の石』を出版し、2007年にシリーズ最終巻となる『ハリー・ポッターと死の秘宝』を発売。2013年ロバート・ガルブレイス名で探偵小説を出版。

★下記のサイトでスピーチの全文を英語字幕つきで聞くことができます。
English Speeches
https://www.youtube.com/watch?v=kM8HJPbFnJg&t=463s

Speech
61-65

本人の声で聞いてみよう！

　音読トレーニングに入る前に、まずは本人によるスピーチを通しで聞いてみましょう。ここに掲載したのは、J.K.ローリングが2008年にハーバード大学の卒業式で行ったスピーチからの抜粋です。

　今回掲載した中で唯一のイギリス英語話者によるスピーチで、Fast SpeedとSlow Speedに収録したナレーター音声もイギリス人ナレーターによるイギリス英語となっています。

　スピーチの内容は、Section 1が失敗から学んだ自身の経験について述べ、life is not a check-list of acquisition or achievement（人生は習得や達成のチェックリストではない）という言葉が印象的なSection 2へと続き、Section 3〜5は「想像力の大切さ」が主題となっています。特に、Section 5では、ifから始まる文が3回続いた後、We do not need magic to transform our world.（世の中を変えるために魔法は必要ありません）という決め台詞へとつながっていく卓越した構成が光ります。まさに「声に出して読みたい英語」そのものと言えるでしょう。何度も声に出して、音読してみてください。

失敗が自分に強い意志があることを教えてくれた

| Track | Fast 66 | Slow 67 | Speech 61 |

You might never fail on the scale I did,
but some failure in life is inevitable.

It is impossible to live without failing at something,
unless you live so cautiously
that you might as well not have lived at all
—in which case, you fail by default.

Failure gave me an inner security
that I had never attained by passing examinations.

Failure taught me things about myself
that I could have learned no other way.

I discovered that I had a strong will,
and more discipline than I had suspected;

I also found out that I had friends
whose value was truly above the price of rubies.

(106 words)

目標タイム 31.8秒	Fast を聞く（1回目） 1・2・3・4・5	速音読 ❶ 秒	速音読 ❷ 秒	速音読 ❸ 秒	Fast を聞く（成果の確認） 1・2・3・4・5

訳

あなたたちは決して失敗しないかもしれません、私が失敗したほどには。
しかし、ある程度の人生における失敗は、避けることができません。

生きることは不可能です、何かで失敗することなく。
あなたが非常に用心深く生きない限り、
まったく生きなかったも同然なほどに。
その場合は、最初からあなたは失敗しているのです。

失敗は私に与えてくれました、精神的な安定を。
それを私が得ることは決してなかったでしょう、試験に合格することによってでは。

失敗は私に教えてくれました、私自身についてのことを。
それを私が学ぶことはできなかったでしょう、ほかの方法では。

私は気がついたのです、自分に強い意志があることに。
そしてもっと自制心があることに、自分で思っていた以上に。

私はさらに気がつきました、自分に友だちがいることに。
その価値は、まさにルビー以上でした。

語注

- on the scale 規模で
- inevitable 避けられない
- unless 〜でない限り
- cautiously 慎重に、用心深く
- might as well... 〜するのと同じだ
- by default 当初から、戦わずして
- inner security 精神的な安定
- attain 獲得する
- discipline 自制心
- suspect 〜ではないかと思う
- ruby （宝石の）ルビー

逆境に身を置いてこそ、
自分の強さと人間関係が試される

Track Fast 68 Slow 69 Speech 62

You will never truly know yourself,
or the strength of your relationships,
until both have been tested by adversity.

Such knowledge is a true gift,
for all that it is painfully won,
and it has been worth
more than any qualification I ever earned.

So given a Time Turner,
I would tell my 21-year-old self
that personal happiness lies in knowing
that life is not a check-list of acquisition or achievement.

Your qualifications, your CV, are not your life,
though you will meet many people of my age and older
who confuse the two.

Life is difficult, and complicated, and beyond anyone's
total control,
and the humility to know that
will enable you to survive its vicissitudes.

(117 words)

訳

あなたは決して本当に自分自身を知ることはないでしょう、
あるいはあなたの人間関係の持つ力強さを。
その両方が試されるまでは、逆境によって。

そのような知識は、本当の賜り物です。
とは言うものの、それは辛い思いをして獲得するので、
価値がありました、
どんな学位よりも、私がこれまで取得した。

したがって、タイムターナーを与えられたら、
私は言うでしょう、21 歳のときの私に。
個人的な幸せはあると、知ることに。
人生はチェックリストではないと、習得したり達成したりしたことの。

あなたの学位、あなたの履歴書は、あなたの人生ではありません。
もっとも、あなたは出会うでしょう、多くの人たちに、
私の年齢以上の。
このふたつを混同している。

人生は難しくて、複雑で、誰も完全にはコントロールできません。
そしてそのことを知るための謙虚さが、
あなたが生き延びることを可能にするでしょう、人生の浮き沈みを。

語注

· relationship　人間関係
· test　試す
· adversity　逆境、試練
· gift　贈り物、賜り物
· for all that
　とは言うものの、それにもかかわらず
· painfully
　辛い思いをして
· qualification　[英]学位
· Time Turner
　タイムターナー、逆転時計（ハリー・ポッター・シリーズに出てくる魔法アイテム。使用者を過去に戻すことができる）
· check-list
　チェックリスト、確認のための一覧表
· acquisition
　（知識技能などの）習得
· achievement
　業績、達成
· CV = curriculum vitae
　（カリキュラムヴィータイ）履歴書
· confuse　混同する
· beyond control
　コントロールできない
· humility　謙虚さ
· enable
　（人）が～することを可能にする
· vicissitude
　（人生・運命の）移り変わり、浮き沈み

想像力こそが、
すべての発明と革新の源です

Fast	Slow	Speech
70	71	63

Now you might think
that I chose my second theme,
the importance of imagination,
because of the part it played in rebuilding my life,
but that is not wholly so.

Though I personally will defend
the value of bedtime stories to my last gasp,
I have learned to value imagination in a much broader sense.

Imagination is not only the uniquely human capacity
to envision that which is not,
and therefore the fount of all invention and innovation.

In its arguably most transformative and revelatory capacity,
it is the power that enables us
to empathise with humans whose experiences we have
never shared.

(103 words)

目標
タイム
30.9秒

Fast を聞く （1回目）	速音読 **1**	速音読 **2**	速音読 **3**	Fast を聞く （成果の確認）
1・2・3・4・5	秒	秒	秒	1・2・3・4・5

訳

さて、みなさんは思うかもしれません。
私が2番目のテーマを選んだのは、
想像力の大切さという、
それが果たした役割ゆえだろうと、私の人生の再構築に。
しかし、それはまったくそうではありません。

私は個人的には守るでしょうが、
ベッドタイムストーリーの価値を、私が生きている限り、
私は学んだのです、想像力を大事にすることを、もっと
広い意味において。

想像力は、人間に特有の能力であるだけではありません、
人間に特有の能力でないことを想像するための。
そして、それゆえに源なのです、すべての発明と革新の。

人間のほぼ間違いなく、最も斬新で啓示的な能力の中で、
それが能力です、私たちに可能にする。
人間に共感することを、私たちが一度も共有したことの
ない経験を持つ。

語注

- theme テーマ
- part 役割
- rebuild 再構築する
- wholly
  完全に、（否定語のあとで）
  まったく
- defend 守る
- bedtime story
  ベッドタイムストーリー（子
  どもを寝かしつけるときに
  話してあげる物語）
- to one's last gasp
  最後のあえぎまで、生きて
  いる限り
- value
  大切［大事］にする
- uniquely 特有に
- envision 想像する
- that which
  〜するもの（＝関係代名詞
  what）
- fount 源泉
- invention 発明
- innovation
  革新、新しいアイデア
- arguably
  議論の余地はあるが、ほぼ
  間違いなく
- transformative
  斬新な
- revelatory 啓示的な
- empathise
  感情移入する、共感する
- share 共有する

人間だけが、他人の立場を想像し、共感し、考えることができる

Track 72 | Fast 72 | Slow 73 | Speech 64

Unlike any other creature on this planet,
humans can learn and understand,
without having experienced.

They can think themselves into other people's places.

Of course, this is a power,
like my brand of fictional magic,
that is morally neutral.

One might use such an ability to manipulate, or control,
just as much as to understand or sympathise.

And many prefer not to exercise their imaginations at all.

They choose to remain comfortably
within the bounds of their own experience,
never troubling to wonder
how it would feel to have been born other than they are.

They can refuse to hear screams or to peer inside cages;
they can close their minds and hearts to any suffering
that does not touch them personally;

they can refuse to know.

(127 words)

目標タイム 38.1秒	Fast を聞く（1回目） 1・2・3・4・5	速音読 ❶ 秒	速音読 ❷ 秒	速音読 ❸ 秒	Fast を聞く（成果の確認） 1・2・3・4・5

訳

ほかのいかなる生物とも違って、この惑星上の、
人間は学習し、理解することができます、
経験していなくても。

人間は考えることができます、自分をほかの人の立場に
置いて。

もちろん、これはひとつの能力です、
私のブランドの架空の魔法のように。
それは道徳的に中立です。

人はそのような能力を使うかもしれません、操るため、
あるいは支配するために。
まさに同じように、理解したり同情したりするのと。

そして多くの人が使わないことを好みます、自分の想像
力をまったく。

彼らは選びます、そのまま快適にいることを、
自分の経験の範囲内で。
決してわざわざ知りたいとしないで、
どんな感じなのか、自分以外の人間に生まれてきていたら。

彼らは拒むことができるのです、悲鳴を聞いたり、檻の
中をのぞいたりするのを。
彼らは閉ざすことができるのです、頭と心を、いかなる
苦悩に対しても。
それが彼らに個人的に関係なければ。

彼らは拒否できるのです、知ることを。

語注

· unlike　〜と違って
· this planet
　この惑星＝地球
· brand
　ブランド、銘柄。ここでは自
　分の作品を指すと思われる
· fictional magic
　架空の魔法
· morally　道徳的に
· neutral　中立の
· manipulate　操る
· control　支配する
· as much as
　〜と同じくらいに、〜と同
　じ程度の
· sympathise　同情する
· not ... at all
　まったく〜ない
· exercise
　（能力を）発揮する
· remain
　そのままの状態でいる
· within the bounds of...
　〜の範囲内で
· trouble to...
　わざわざ〜する
· wonder
　（好奇心を持って）不思議に
　思う、知りたいと思う
· refuse to...
　〜することを拒む［拒否する］
· peer　じっと見る
· cage　檻
· suffering　苦悩

世の中を変えるのに
魔法なんか必要ではありません

	Fast	Slow	Speech
Track	74	75	65

If you choose to use your status and influence
to raise your voice on behalf of those who have no voice;

if you choose to identify not only with the powerful,
but with the powerless;

if you retain the ability
to imagine yourself into the lives
of those who do not have your advantages,

then it will not only be your proud families
who celebrate your existence,
but thousands and millions of people
whose reality you have helped change.

We do not need magic to transform our world.

We carry all the power we need inside ourselves already.

We have the power to imagine better.

(105 words)

目標
タイム
31.5秒

Fast を聞く （1回目） 1・2・3・4・5	速音読 ① 秒	速音読 ② 秒	速音読 ③ 秒	Fast を聞く （成果の確認） 1・2・3・4・5

訳

もしあなたが使うことに決めるなら、あなたの地位と影響力を、
声を上げるために、声なき人々の代わりに。

もしあなたが自分を重ね合わせることにするなら、権力側の人たちだけでなく、
無力な人たちとも。

もしあなたが能力を持ち続けるならば、
想像する、自分が人生に入っていくことを、
あなたのように有利な状況にない人たちの、

そうしたら、あなたを誇りにする家族だけではないでしょう、
あなたの存在を祝福してくれるのは、
何千、何百万もの人たちも（祝福してくれるでしょう）、
その人たちの現実を、あなたが変える手助けをした。

私たちに魔法は必要ありません、世の中を変えるために。

私たちに必要な能力はすべてあります、私たちの中にすでに。

私たちには能力があるのです、もっとよく想像するための。

語注

・status
地位、身分

・on behalf of...
〜の代わりに、〜のために

・identify with...
〜に自分を重ね合わせる、
共感［共鳴］する

・the powerful
権力の側（の人）

・the powerless
無力な人たち

・retain
持ち続ける、失わない

・advantage
利点、有利、優位

・proud
自慢している、誇りに思う

・transform
変える

Self Check

#04 Section 01 ～ 05 のレビュー

各セクションの速音読の最高タイムを下の表に書き込んで、毎分何語（words／分）で音読できたか計算しましょう。

Section ❶ 6360 ÷ (   ) 秒＝   words ／分

Section ❷ 7020 ÷ (   ) 秒＝   words ／分

Section ❸ 6180 ÷ (   ) 秒＝   words ／分

Section ❹ 7620 ÷ (   ) 秒＝   words ／分

Section ❺ 6300 ÷ (   ) 秒＝   words ／分

※ words／分を計算したら、下のグラフにその数字を記入してみましょう。
今のレベルを判定することができます。

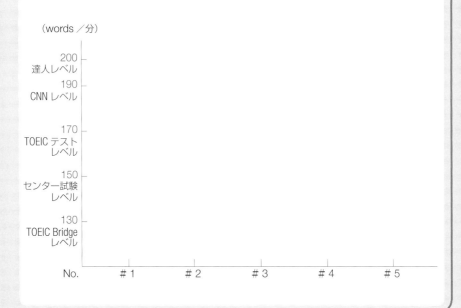

（words ／分）

200
達人レベル
190
CNN レベル

170
TOEIC テスト
レベル

150
センター試験
レベル

130
TOEIC Bridge
レベル

No.   ＃1   ＃2   ＃3   ＃4   ＃5

Let's writing

書く力を強化する

　基本編の Step 1 〜 5 のトレーニングの後に、Step 6、7 として以下のトレーニングを加えることで、ライティング力を高めることができます。

●Step 1~5は、基本編と同じです

STEP 1	音源　Fast　を聞く
STEP 2	日本語訳を音読する
STEP 3	音源　Slow　を聞き、英文を音読 ⇒ 3回くり返す
STEP 4	英文の速音読 1・2・3　（時間を記録する）
STEP 5	音源　Fast　を聞く（成果を確認する）

STEP 6　音読筆写

　STEP 1 〜 5 の基本編のトレーニングを行う中で、気に入った表現を選んで、ノートに書き写します。気に入った表現とは、自分の言葉としてどこかで使いたい表現です。書き写す表現は、一文が基本ですが、英文が長い場合は、フレーズ（意味のかたまり）でも構いません。

　表現を書き写したら、意味を理解しながら、数回音読します。次に、書き写した表現の下に、音読しながら4回書き写します。なるべく速く行うことで、速音読効果もあり、表現が脳に定着します。字は、ブロック体でも筆記体でも、自分で読める程度の丁寧さで大丈夫です。

　音読筆写が終わったら、顔を上げて諳（そら）んじます。スラスラと表現が話せたら、定着した証拠です。上手く言えなかったら、あと2回音読筆写してみてください。今度は、言えるはずです。

音読筆写（例）

He is my best friend from childhood.

He is my best friend from childhood.

He is my best friend from childhood.

He is my best friend from childhood.

He is my best friend from childhood.

STEP 7　英文の速写

　前述（P.14）の通り、日本語と英語は語順が違います。英語は、SVO（主語→動詞→目的語）の語順で、日本語はSOV（主語→目的語→動詞）の語順です。さらに、日本語では書いたり、話したりする際に、主語の「私」を省略しがちです。そのため、英語で何かを言おうとしたときにも、頭に最初に目的語が浮かぶことが多いのです。

　例えば、What did you do yesterday?「昨日、何をしましたか？」と聞かれて、「テニスをしました」と言おうすると、tennis が、まず頭に浮かびます。そこから、文法の知識を使って、I played tennis. と正しい英語の語順を考えるので、スムーズに書いたり話したりできないのです。

音読筆写と速写で、英語の語順を定着させる

　音読と速音読に、音読筆写と速写を加えることで、音と文字の両面から英語の語順を脳に定着させることができます。英語の語順が脳に定着してくると、目的語ではなく、主語＋動詞の組み合わせ（I played）が最初に脳に浮かぶようになり、少しずつ書くことも、話すこともスムーズにできるようになっていきます。

Steven Spielberg

スティーブン・スピルバーグ

スティーブン・スピルバーグ
Steven Spielberg

1946年生まれ。オハイオ州出身。アメリカの映画監督、映画プロデューサー。アメリカ映画アカデミー会員。大英帝国勲章（KBE）受章。『ジョーズ』（1975年）、『未知との遭遇』（1977年）、「インディ・ジョーンズ」シリーズ（1981年、1984年、1989年）、『E.T.』（1982年）、『ジュラシック・パーク』（1993年）など代表作多数。1994年に『シンドラーのリスト』でアカデミー作品賞、監督賞を受賞。1998年に『プライベート・ライアン』で2度目のアカデミー監督賞を受賞。

★下記のサイトでスピーチの全文を英語字幕つきで聞くことができます。
English Speeches
https://www.youtube.com/watch?v=iX11qgYyxUU

Speech
76-80

本人の声で聞いてみよう！

　音読トレーニングに入る前に、まずは本人によるスピーチを通して聞いてみましょう。ここに掲載したのは、スティーブン・スピルバーグ監督が2016年にハーバード大学の卒業式で行ったスピーチからの抜粋です。

　スピルバーグ監督は、Section 2で自身の直観（intuition）に従うように説いてますが、ここで展開される判断力（conscience）との秀逸な対比構造にも要注目です。こうした対比はSection 3のMy job is...（私の仕事は〜）、Your job is...（あなたの仕事は〜）などでも効果的に用いられています。

　さらに、Examine it.（それを吟味してください）、Challenge it.（それに挑戦してください）のようなSection 3における短い警句の連発、Section 5の冒頭でPlease...を2回くり返すリフレインなど、名スピーチのテクニックの数々が随所に盛り込まれています。ぜひ、実際に声に出して何度も音読してみてください。

人生では、キャラクターを特徴づける瞬間に毎日直面します

	Fast	Slow	Speech
Track	81	82	76

What you choose to do next is
what we call in the movies the 'character-defining moment.'

Now, these are moments you're very familiar with,
like in the last *Star Wars: The Force Awakens*,
when Rey realizes the force is with her.

Or Indiana Jones choosing mission over fear
by jumping over a pile of snakes.

Now in a two-hour movie,
you get a handful of character-defining moments,
but in real life, you face them every day.

Life is one strong, long string of character-defining moments.

And I was lucky that at 18 I knew what I exactly wanted to do.

But I didn't know who I was.

(107 words)

目標タイム 32.1秒	Fast を聞く (1回目) 1・2・3・4・5	速音読 ① 秒	速音読 ② 秒	速音読 ③ 秒	Fast を聞く (成果の確認) 1・2・3・4・5

訳

あなたが次にすると決めるのは、
私たちが映画で呼ぶところの、
「キャラクター・ディファイニング・モーメント」です。

いいですか、これは瞬間です、あなたがよく知っている、
最新の『スター・ウォーズ/フォースの覚醒』にあるように、
レイが気づくときです、フォースは彼女とともにあると。

あるいはインディアナ・ジョーンズがミッションを選ぶ
ように、恐怖よりも、
ヘビの山を飛び越えて。

さて2時間の映画において、
あなたが見るのは、わずかなキャラクター・ディファイ
ニング・モーメントです、
しかし、実際の人生では、それらに毎日直面します。

人生は、強くて長いひと続きの、キャラクター・ディフ
ァイニング・モーメントです。

そして、私はラッキーでした。18歳のときにわかった
のです、自分がまさしく何をしたいかが。

しかし、私は知りませんでした、自分がどんな人間かを。

語注

· character-defining moment
そのキャラクターを特徴づ
ける決定的瞬間

· Star Wars: The Force Awakens
『スター・ウォーズ/フォー
スの覚醒』

· Ray
レイ（『スター・ウォーズ/
フォースの覚醒』の主人公）

· Indiana Jones
インディアナ・ジョーンズ
（映画・ドラマ・小説『イン
ディ・ジョーンズ シリーズ』
の主人公。架空の考古学者・
冒険家）

· handful
ひと握りの、わずかな

· face
直面する

判断をするのではなく、
直観に波長を合わせてください

Track | Fast 83 | Slow 84 | Speech 77

And at first, the internal voice I needed to listen to
was hardly audible, and it was hardly noticeable
—kind of like me in high school.

But then I started paying more attention,
and my intuition kicked in.

And I want to be clear that your intuition is different from
your conscience.

They work in tandem, but here's the distinction.

Your conscience shouts, 'here's what you should do,'
while your intuition whispers, 'here's what you could do.'

Listen to that voice that tells you what you could do.

Nothing will define your character more than that.

Because once I turned to my intuition,
and I tuned into it,
certain projects began to pull me into them,
and others, I turned away from.

(122 words)

訳

そして最初は、その内なる声は、私が聞く必要があった、ほとんど聞き取れませんでした。そしてそれはほとんど目立ちませんでした、
なんだか高校時代の私のように。

しかし、次に、私はもっと注意を払うようになり、
私の直観が働きだしました。

そして、ハッキリさせておきたいのですが、あなたの直観は判断力とは異なります。

ふたつは相前後して働きますが、次のような違いがあります。

あなたの判断力は叫びます、「ここにあなたがするべきことがある」と、
一方で、あなたの直感がささやきます、「ここにあなたにできることがある」と。

その声に耳を傾けてください、それはあなたに告げているのです、あなたに何ができるかを。

何もあなたの人柄を明らかにしないでしょう、それ以上には。

というのは、ひとたび私が直感のほうを向いて、
それに波長を合わせたら、
ある種のプロジェクトが私をそれに引き込み出しました、
そしてその他のものには、私は関心がなくなったのです。

語注

- internal voice
  内なる声
- hardly audible
  ほとんど聞き取れない
- hardly noticeable
  ほとんど目立たない
- intuition
  直観
- kick in
  作動し始める
- conscience
  （善悪の）判断力
- in tandem
  相前後して、協力して
- define
  明らかにする
- character
  気質、人格、人柄
- turn to...
  〜のほうを向く、〜に頼る
- tune into
  波長を合わせる
- turn away from...
  〜にそっぽを向く、〜への関心を失う

過去の歴史を調べることで、未来を創り出すことができる！

Fast	Slow	Speech
Track	85	86	78

I hope all of you find that sense of mission.

Don't turn away from what's painful.

Examine it.

Challenge it.

My job is to create a world that lasts two hours.

Your job is to create a world that lasts forever.

You are the future innovators, motivators, leaders and caretakers.

And the way you create a better future is by studying the past.

Jurassic Park writer Michael Crichton,
who graduated from both this college and this medical school,
liked to quote a favorite professor of his
who said that
if you didn't know history, you didn't know anything.

You were a leaf that didn't know it was part of a tree.

So history majors: Good choice, you're in gerat shape...

Not in the job market, but culturally.

(127 words)

目標タイム 38.1 秒	Fast を聞く（1回目） 1・2・3・4・5	速音読 ① 秒	速音読 ② 秒	速音読 ③ 秒	Fast を聞く（成果の確認） 1・2・3・4・5

訳

私は願っています、みなさん全員がそうした使命感を見つけるように。

背を向けないでください、辛いことから。

それを吟味してください。

それに挑戦してください。

私の仕事は創り出すことです、2時間続く世界を。

みなさんの仕事は創り出すことです、永遠に続く世界を。

みなさんは未来の革新者であり、やる気を引き出す人であり、主導者、そして世話人です。

そして、みなさんがよりよい未来を創る方法は、過去を調べることによって得られます。

『ジュラシック・パーク』の原作者マイケル・クライトンは、このカレッジとここのメディカル・スクールを卒業していますが、
彼は引用するのが好きでした、彼の好きな教授の言葉を。その教授は言ったのです、
もし君たちが歴史を知らなければ、何も知らないことになる、と。

君たちは、1枚の木の葉であって、その木の葉は知らない、自分が1本の木の一部であることを、と。

だから歴史専攻は、いい選択です。君たちはうまくいくでしょう。

労働市場ではよくないけれど、文化的にはね。

語注

· sense of mission
使命感

· painful
辛い

· innovator
革新者

· motivator
動機付け役、管理者

· leader
主導者

· caretaker
世話人、人に行動を起こさせる人、やる気を引き出す人

· *Jurassic Park* writer Micael Crichton
『ジュラシック・パーク』の原作者マイケル・クライトン

· quote
引用する

· in great shape
調子がよい、万全である

私たち自身のストーリーを語ろう！

Track | Fast 87 | Slow 88 | Speech 79

We all have to tell our own stories.

We have so many stories to tell.

Talk to your parents and your grandparents, if you can,
and ask them about their stories.

And I promise you, like I have promised my kids,
you will not be bored.

And that's why I so often make movies
based on real-life events.

I look to history not to be didactic,
'cause that's just a bonus,
but I look because the past is filled with the greatest stories
that have ever been told.

Heroes and villains are not literary constructs,
but they're at the heart of all history.

And again, this is why it's so important
to listen to your internal whisper.

(117 words)

| 目標タイム **35.1**秒 | Fast を聞く（1回目） 1・2・3・4・5 | 速音読 **1** 秒 | 速音読 **2** 秒 | 速音読 **3** 秒 | Fast を聞く（成果の確認） 1・2・3・4・5 |

訳

私たちはみな、語らなければなりません、私たち自身のストーリーを。

私たちにはとてもたくさんの話があります、語るべき。

ご両親や祖父母と話をしてください、もしできるなら。そして彼らに質問をしてください、彼らの話について。

そして、みなさんに約束します、私が自分の子どもたちに約束したように、あなたは退屈しないだろうと。

そして、それが理由なのです、私がよく映画を作る、実際にあったことに基づいて。

私は歴史に目を向けます、教訓を与えるためではなく、それはほんのオマケに過ぎないのですから。そうではなく、私は目を向けるのです、過去は満ちあふれているからです、最高のストーリーに、これまで語られてきた中で。

英雄や悪党は、文学上の概念ではありません、むしろ彼らはすべての歴史の中心にいるのです。

そして、くり返しになりますが、これゆえに、非常に重要なのです、耳を傾けることが、あなたの内なるささやき声に。

語注

- be bored
  退屈する
- based on...
  ～に基づいて
- real-life events
  実際に起きた出来事
- didactic
  説教的な、教訓的な
- bonus
  予期しなかった贈り物、オマケ
- villain
  悪役、悪党
- literary
  文学的な
- construct
  構造物、構成物、概念
- at the heart of...
  ～の中心に
- internal whisper
  内なるささやき声

他人との関係を保ち続け、 互いに目と目を合わせよう！

Track | Fast 89 | Slow 90 | Speech 80

Please stay connected.

Please never lose eye contact.

This may not be a lesson
you want to hear from a person who creates media,
but we are spending more time looking down at our devices
than we are looking in each other's eyes.

So, forgive me, but let's start right now.

Everyone here, please find someone's eyes to look into.

Students, and alumni and you too, President Faust,
all of you, turn to someone you don't know or don't know
very well.

They may be standing behind you, or a couple of rows ahead.

Just let your eyes meet.

That's it.

That emotion you're feeling is our shared humanity
mixed in with a little social discomfort.

(116 words)

目標タイム **34.8** 秒 | Fast を聞く（1回目） 1・2・3・4・5 | 速音読 1 秒 | 速音読 2 秒 | 速音読 3 秒 | Fast を聞く（成果の確認） 1・2・3・4・5

訳

つながりを保ってください。

視線を合わせるのをやめないでください。

これは教訓ではないかもしれません、
あなたが聞きたい、マスメディアを制作する者から。
しかし、私たちはもっと長い時間を費やしています、自分のデバイスをのぞくことに、
お互いの目を見つめるよりも。

では、すみませんが、早速始めましょう。

ここにいるみなさん、誰かの目を見つけてください、見つめるために。

学生も卒業生も、そしてあなたもです、ファウスト学長も、みなさん全員が、向いてください、誰かあなたの知らない人、あるいはよく知らない人のほうを。

その人は立っているかもしれません、あなたの後ろに、あるいは二、三列前に。

とにかく目と目を合わせましょう。

それでいいのです。

あなたが今感じているその感情は、私たち人類に共通するものなのです、
混じっていますが、多少、社交的な（意味での）気恥ずかしさが。

語注

· **lesson**
　教訓

· **media**
　マスメディア

· **device**
　デバイス、ここでは「スマホ、パソコン、タブレットなど」

· **forgive me, but**
　失礼ですが、すみませんが

· **alumni**
　卒業生

· **President Faust**
　キャサリン・ファウスト学長（2007 年から 2018 年6 月まで ハーバード大学の学長を務めた）

· **shared humanity**
　共通の人間性、人類共通のもの

· **mixed in with...**
　〜が混じっている

· **social**
　社交上の

· **discomfort**
　不愉快、気恥ずかしさ

Self Check

#05 Section 01 〜 05 のレビュー

各セクションの速音読の最高タイムを下の表に書き込んで、毎分何語（words／分）で音読できたか計算しましょう。

Section ❶ 6420 ÷ （　　　　　　　　）秒 ＝ 　　　　　　words／分

Section ❷ 7320 ÷ （　　　　　　　　）秒 ＝ 　　　　　　words／分

Section ❸ 7620 ÷ （　　　　　　　　）秒 ＝ 　　　　　　words／分

Section ❹ 7020 ÷ （　　　　　　　　）秒 ＝ 　　　　　　words／分

Section ❺ 6960 ÷ （　　　　　　　　）秒 ＝ 　　　　　　words／分

※ words／分を計算したら、下のグラフにその数字を記入してみましょう。
今のレベルを判定することができます。

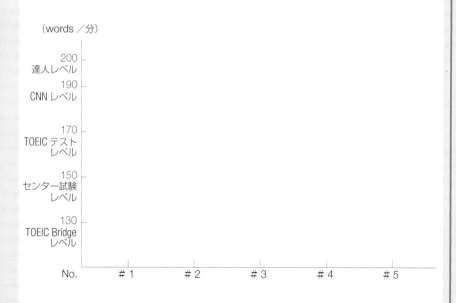

（words／分）

200
達人レベル

190
CNN レベル

170
TOEIC テスト
レベル

150
センター試験
レベル

130
TOEIC Bridge
レベル

No.　　　#1　　　#2　　　#3　　　#4　　　#5

Natalie Portman

ナタリー・ポートマン

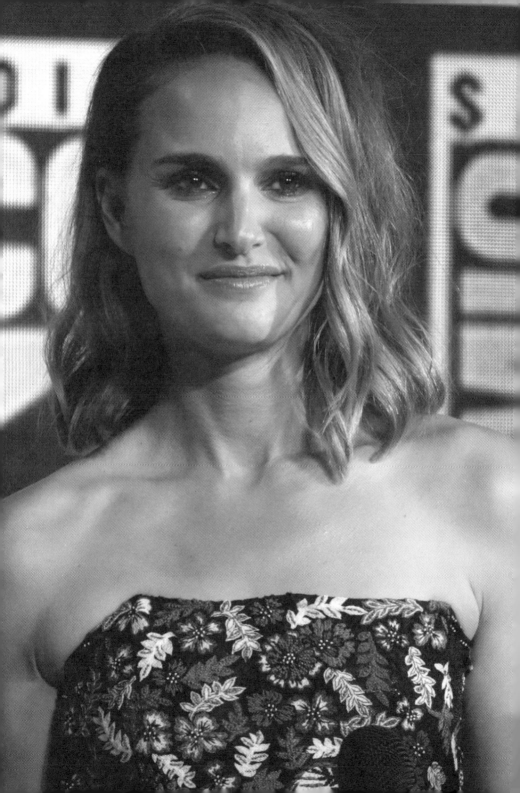

ナタリー・ポートマン
Natalie Portman

1981生まれ。イスラエル出身の俳優、モデル、映画監督。1994年リュック・ベッソン監督の『レオン』のマチルダ役で映画デビュー。1999年以降に公開された『スター・ウォーズ』の新三部作でヒロインのパドメ・アミダラを演じた。2010年公開の『ブラック・スワン』で第83回アカデミー主演女優賞を受賞。

★下記のサイトでスピーチの全文を英語字幕つきで聞くことができます。
English Speeches
https://www.youtube.com/watch?v=AjxbqKcPX_4

Speech
91-95

本人の声で聞いてみよう！

　音読トレーニングに入る前に、まずは本人音声によるスピーチを通して聞いてみましょう。ここに掲載したのは、2015年に俳優のナタリー・ポートマンがハーバード大学の卒業式で行ったスピーチからの抜粋です。

　前半は、ハーバード大学に入ったものの、優秀な同級生に囲まれて自信を喪失していた入学当初の話や、自分が行っている俳優業にやりがいを見出す話などが語られます。

　後半は、realism does us no favors.（現実主義は私たちにとって良いことはひとつもありません）、Grab the good people around you.（捕まえておいてください、みなさんの周りにいる良い人々を）といった主張がなされます。

　英文は長い文章と短い文章が混在しており、特に長い文章は音読するのが大変かもしれません。しかし、全体的には比較的、平易な言葉づかいがなされているので、くり返し聞いて、声に出して読んでトレーニングすることで楽に読めるようにしましょう。

ハーバード大学に入学したときは
不安で仕方がなかったの

Fast	Slow	Speech
96	97	91

When I got to Harvard just after the release of *Star Wars: Episode 1*,
I knew I would be starting over
in terms of how people viewed me.

I feared people would have assumed
I had gotten in just for being famous,
and that they would think
that I was not worthy of the intellectual rigor here.

And they would not have been far from the truth.

When I came here, I had never written a 10-page paper before.

I'm not even sure I'd written a 5-page paper.

(88 words)

目標タイム 26.4秒　Fast を聞く（1回目）1・2・3・4・5　速音読 1　　秒　速音読 2　　秒　速音読 3　　秒　Fast を聞く（成果の確認）1・2・3・4・5

訳

私がハーバード大学に行ったときは、『スター・ウォーズ エピソード1／ファントム・メナス』が公開された直後で、私はわかっていました、やり直すことになるだろうと、人びとが私をどのように見るかという面で。

私は恐れました、みんなは思っているのだろうと、私は受け入れられた、ただ有名だからという理由でと。そして、みんな思うのだろうと、私は値しない、ここ（ハーバード大学）の知的な厳しさにと。

しかもそれは、そんなに遠くないかもしれないのです、真実から。

私がこの大学に来たとき、私は書いた経験がまったくありませんでした、10ページのレポートを、それまでに。

確かでさえありません、5ページのレポートを書いた経験があったのかどうかも。

語注

· start over
やり直す

· in terms of...
〜の点から、〜に関して

· assume
見なす

· get in
入る

· worthy of...
〜に値する

· rigor
厳しさ

「将来、大統領になる」と宣言した同級生が5人もいたのよ

| Track | Fast 98 | Slow 99 | Speech 92 |

I had no idea how to declare my intentions.

I couldn't even articulate them to myself.

I've been acting since I was 11.

But I thought acting was too frivolous
and certainly not meaningful.

I came from a family of academics
and was very concerned of being taken seriously.

In contrast to my inability to declare myself,
on my first day of orientation freshman year,
five separate students introduced themselves to me
by saying, "I'm going to be president; remember I told you that."

Their names, for the record, were Bernie Sanders, Marco Rubio, Ted Cruz, Barack Obama, and Hilary Clinton.

(101 words)

| 目標タイム 30.3秒 | Fast を聞く（1回目）1・2・3・4・5 | 速音読 1 秒 | 速音読 2 秒 | 速音読 3 秒 | Fast を聞く（成果の確認）1・2・3・4・5 |

訳

私はわかりませんでした、どのように自分の意志を宣言するのかを。

私はハッキリさせることさえできませんでした、それらの意志を自分自身に対して。

私はずっと俳優でした、11 歳のときから。

でも考えていました、演技は取るに足りないもので、明らかに有意義なものではないと。

私はアカデミックな家の出身です、
だからとても心配していました、真剣に受け止めてもらえることを。

対照的に、自分の意志を宣言する能力の欠如とは、
新入生オリエンテーションの初日に、
5 人の学生がそれぞれ私に自己紹介しました、
こう言って、「私は大統領になるつもり、そう君に言ったことを覚えておいて」。

彼らの名前は、記録として言っておきます、バーニー・サンダース、マルコ・ルビオ、テッド・クルーズ、バラク・オバマ、それにヒラリー・クリントンです。

語注

· declare
  宣言する

· intention
  意図、意志

· articulate
  ハッキリと述べる

· frivolous
  軽薄な、取るに足りない

· meaningful
  意義のある

· concerned
  心配した

· in contrast to...
  ～と対照的に

· Bernie Sanders
  アメリカの政治家。無所属

· Marco Rubio
  アメリカの政治家。共和党

· Ted Cruz
  アメリカの政治家。共和党

· Barack Obama
  アメリカの政治家。民主党。第 44 代アメリカ合衆国大統領を務めた

· Hilary Clinton
  アメリカの政治家。第 42 代アメリカ合衆国大統領ビル・クリントンの妻

何かを好きだということが、最高の根拠になると気づいた

| Track | Fast 100 | Slow 101 | Speech 93 |

There was a reason I was an actor:
I love what I do.

And I saw from my peers and my mentors
that it was not only an acceptable reason,
it was the best reason.

When I got to my graduation,
sitting where you sit today, after 4 years of trying to get
excited about something else,
I admitted to myself
that I couldn't wait to go back and make more films.

I wanted to tell stories, to imagine the lives of others,
and help others do the same.

I have found, or perhaps reclaimed, my reason.

(97 words)

目標タイム 29.1秒	Fast を聞く（1回目） 1・2・3・4・5	速音読 ① 秒	速音読 ② 秒	速音読 ③ 秒	Fast を聞く（成果の確認） 1・2・3・4・5

訳

根拠がありました、私が俳優だったことには。
自分がやっていることが好きだったのです。

わかったのです、仲間や良き指導者たちを見て。
それはわかりやすい根拠であるだけでなく、
最高の根拠であるということが。

卒業式に出席したとき、
今日みなさんが座っているところに座って、頑張った4年間を終えて、何か違うことに夢中になりたいと、
自分で認めたのです、
待ちきれないと、再びもっと多くの映画を作ることを。

私は望んでいたのです、話をすることを、他人の人生を想像することを、
そして他の人が同じことをする手助けを。

私は見つけたのです、取り戻したと言ってもいいかもしれません、私の根拠を。

語注

· **reason**
  根拠、土台、理由

· **peer**
  （同等の地位にある）仲間、友人

· **mentor**
  指導者、良き師

· **acceptable**
  無難な、容認できる

· **get excited about...**
  ～に夢中になる

· **reclaim**
  再生する、再利用する

現実的になり過ぎず、自分を疑い過ぎない気持ちを大切にしてほしい

The thing I'm saying is,
make use of the fact
that you don't doubt yourself too much right now.

As we get older, we get more realistic,
and that includes about our own abilities or lack thereof.

And that realism does us no favors.

People always talk about diving into things you're afraid of.

That never worked for me.

If I am afraid, I run away.

And I would probably urge my child to do the same.

(77 words)

目標タイム 23.1 秒	Fastを聞く（1回目） 1・2・3・4・5	速音読 1 秒	速音読 2 秒	速音読 3 秒	Fastを聞く（成果の確認） 1・2・3・4・5

訳

私が言っているのは、
事実を活用しなさいということです、
みなさんは自分自身を疑い過ぎてはいないという、現時点では。

年を重ねるにつれ、私たちは現実主義的になってきます。
それは当てはまります、自分の能力に対して、もしくは能力のなさに対しても。

そして現実主義は私たちにとって良いことはひとつもありません。

世間はいつも言います、「恐れるものに対しては頭から飛び込め」と。

それは効き目があったことがありません、私には。

私は恐れるときは、逃げます。

そして多分促すでしょう、私の子どもにも同じことをするように。

語注

· make use of...
　〜を役に立てる、活用する

· realistic
　現実主義の

· include
　含む

· thereof
　（前述した）それの

· do someone a favor
　（人の）役に立つ

· dive into...
　〜に飛び込む

· work for...
　〜の役に立つ

· urge
　促す

今周りにいるすばらしい人たちを
手放さないでください

Fast	Slow	Speech
104	105	95

My friends from school are still very close.

We have nursed each other through heartaches
and danced at each other's weddings.

We've held each other at funerals,
and rocked each other's new babies.

We've worked together on projects,
helped each other get jobs,
and thrown parties for when we've quit bad ones.

And now our children are creating a second generation of
friendship
as we look at them toddling together,
haggard and disheveled working parents that we are.

Grab the good people around you;
don't let them go.

The biggest asset this school offers you is a group of peers
that will be both your family and your school for life.

(111 words)

訳

学校時代の友達とは、未だにとても親しくしています。

互いにいたわりあってきました、つらいときに。
ダンスを踊ってきました、互いの結婚式で。

互いに抱き合ってきました、葬儀では。
あやしてきました、互いの赤ちゃんを。

いっしょに取り組み、プロジェクトを、
助け合ってきました、仕事探しを。
パーティーを開いてきました、ひどい仕事を辞めたときは。

今私たちの子どもたちが築きつつあります、第2世代の友情を。
私たちが見つめるなかで、彼らがよちよち歩くのを一緒に。
疲れて髪を乱して働く親の私たちがです。

捕まえておいてください、みなさんの周りにいる良い人々を。
彼らを離してはいけません。

最も大きな資産として、この学校がくれるのは仲間たちです。
それはなるでしょう、みなさんの家族にも学びの場にも、生涯を通して。

語注

- nurse
  大事に育てる、養生する
- heartache
  心痛、悲嘆
- hold each other
  抱き合う
- rock a baby
  赤ちゃんを揺らす
- throw a party
  パーティーを開く
- toddle
  よちよち歩く
- haggard
  やつれた、疲れた
- disheveled
  （髪を）乱した
- for life
  生涯ずっと

Self Check

#06 Section 01 〜 05 のレビュー

各セクションの速音読の最高タイムを下の表に書き込んで、毎分何語（words／分）で音読できたか計算しましょう。

Section ① 5280 ÷ （　　　　　　　　）秒 ＝ 　　　　　　　 words／分

Section ② 6060 ÷ （　　　　　　　　）秒 ＝ 　　　　　　　 words／分

Section ③ 5820 ÷ （　　　　　　　　）秒 ＝ 　　　　　　　 words／分

Section ④ 4620 ÷ （　　　　　　　　）秒 ＝ 　　　　　　　 words／分

Section ⑤ 6660 ÷ （　　　　　　　　）秒 ＝ 　　　　　　　 words／分

※ words／分を計算したら、下のグラフにその数字を記入してみましょう。
今のレベルを判定することができます。

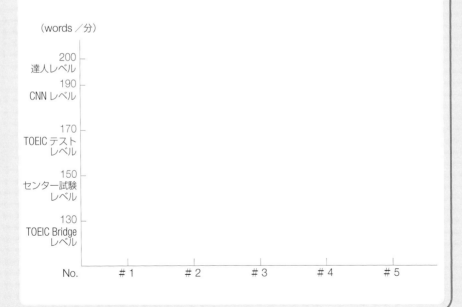

（words／分）

200 達人レベル					
190 CNN レベル					
170 TOEIC テスト レベル					
150 センター試験 レベル					
130 TOEIC Bridge レベル					
No.	＃1	＃2	＃3	＃4	＃5

話す力を強化する

　基本編のトレーニング（Step 1 〜 5）のトレーニングの後に、Step 6、7 として以下のトレーニングを加えることで、スピーキング力を高めることができます。

●Step 1~5は、基本編と同じです

> **STEP 1** 音源 Fast を聞く
>
> **STEP 2** 日本語訳を音読する
>
> **STEP 3** 音源 Slow を聞き、英文を音読 ⇒ 3回くり返す
>
> **STEP 4** 英文の速音読 1・2・3 （時間を記録する）
>
> **STEP 5** 音源 Fast を聞く（成果を確認する）

STEP 6 ルックアップ&セイ （Look-up & Say）

　「英文の速写」（p.88）と同様に、テキストを見て英文を意味の区切りまで音読し、次に顔を上げてテキストを見ずに、誰かに語りかけるつもりで話します（速写との違いは、書かずに、話すことにより意識を向けることです）。意味の区切りとは、カンマ（,）、ピリオド（.）が基本ですが、自分の意味の理解できる範囲で、さらに短く区切っても構いません。

　意味を理解しながら（情景や話者の感情をイメージしながら）英語を音読し、それを誰かに伝えるように話すことで、「意味」（言いたいこと）と、「音」（自然な英語の音の並び）が定着していきます。自然な英語の音の並びとは、SVO（主語→動詞→目的語）の語順と、コロケーション（Collocation）のことです。

　コロケーションとは、単語と単語のよく使われる組み合わせで、例えば、

「予約する」は、make a reservationで、ネイティブ・スピーカーはdo a reservationとは言いません。あるいは、「宿題をする」は、do homeworkで、study homeworkとは言いません。間違っても通じますから、あまり神経質になる必要はありませんが、コロケーションが身についてくるとスピーディに、かつ自然な英語が使えるようになります。

STEP 7 シャドーイング（Shadowing）

テキストを見ずに音源【Slow】を聞き、聞こえた音から話していきます。英文を聞き終えてから話すのではなく、聞こえてくる英文の後を影（shadow)のように追うのがポイントです。

シャドーイングは、同時通訳者の訓練でも使われている、「聞く」「話す」を同時に行う必要があるトレーニングです。初めて耳にする英文で行うのは難易度が高いですが、音読・速音読・音読筆写・速写・ルックアップ＆セイなどのトレーニングを行った後のチャレンジに最適です。

まずは、リズムに（音声に遅れず、音の強弱やイントネーションなどを再現できるかに）注意してシャドーイングしましょう。これができたら、今度は、リズムに注意しつつ、意味を理解しながら（日本語に訳さず、情景や話者の感情をイメージしながら）、シャドーイングを行いましょう。

音声の「ワーキングメモリ」を有効活用する

英語をリスニングする際は、聞こえてきた音を脳のワーキングメモリ（作業記憶)で処理します。処理は、「音声知覚」（英語の音として認知する)と「意味理解」（意味を理解する）の順で行われますが、ワーキングメモリの量には限りがあり一定の情報量しか保持することができません。

ですから、「音声知覚」でメモリをたくさん使ってしまうと、「意味理解」をする前に、音が脳から消えてしまいます。ルックアップ＆セイとシャドーイングで、「音声知覚」を強化することができ、「意味理解」に割り当てられるメモリが増えると、リスニングが楽にできるようになります。

また、話す際にも、同じワーキングメモリを使い、「意味」（言いたいこと)と、「音」（自然な英語の音の並び)のストックを関連づけて話しますから、同じトレーニングの過程で、「音↔意味」の変換が自動化されて、スピーキングも楽にできるようになっていきます。

Tom Hanks

トム・ハンクス

トム・ハンクス
Tom Hanks

1956年生まれ。アメリカ出身の俳優、映画監督、映画・テレビプロデューサー。1980年『血ぬられた花嫁』で映画デビュー。1993年『フィラデルフィア』、1994年『フォレスト・ガンプ/一期一会』で2年連続でアカデミー主演男優賞を受賞。『めぐり逢えたら』、『グリーンマイル』、『キャッチ・ミー・イフ・ユー・キャン』など代表作多数。ピクサーのアニメ映画『トイ・ストーリー』シリーズの主人公ウッディの声優役としても知られる。

★下記のサイトでスピーチの全文を英語字幕つきで聞くことができます。
English Speeches
https://www.youtube.com/watch?v=1c4QHf5Ul3c&t=330s

Speech
106-110

本人の声で聞いてみよう！

　音読トレーニングに入る前に、まずは本人によるスピーチを通しで聞いてみましょう。ここに掲載したのは、2011年に俳優のトム・ハンクスがエール大学の卒業式で行ったスピーチからの抜粋です。

　Section 1のPlease, do not turn off your electronic devices. （お願いですから、電子機器の電源を切らないでください）という意表をついた呼びかけから始まり、ユーモアを交えながら、話題はやがてシリアスな現代文明批判へと変化していきます。特に中盤以降のBoredom seems to have been vanquished.（退屈は克服されてしまったようです）【Section 3】、Fear twist facts into fictions（恐怖は事実を作り話に変えてしまう）【Section 4】といった主張はまさに至言と言えるでしょう。

　一文が長い英文もありますが、たっぷりと間をとったり、たたみかけたりと、全体的にメリハリのきいた聴衆に訴えかけるスピーチとなっています。何度もリスニングしてみてください。

携帯の電源を切らずに、私の言った
ことをツイートしてください

	Fast	Slow	Speech
Track	111	112	106

Today is your day.

Please, do not turn off your electronic devices.

Leave your iPhone, your iPad, your Sidekicks, your Droids,
your BlackBerries powered up,
recording, photographing, texting out all
that emerges from this stage over the next few minutes.

You know, later on today you can compare your tweets
and your Facebook comments with those of others
to figure out if anything memorable went down.

Hey you know what,
tweet that last sentence I just said.

Take this speech and set it to music
and maybe insert some crazy kooky graphics.

(92 words)

| 目標タイム 27.6秒 | Fast を聞く（1回目）1・2・3・4・5 | 速音読 ① 秒 | 速音読 ② 秒 | 速音読 ③ 秒 | Fast を聞く（成果の確認）1・2・3・4・5 |

訳

今日はみなさんの日です。

お願いですから、電源を切らないでください、あなたの電子機器の。

そのまま、iPhone、iPad、Sidekick、Droid、ブラックベリーの電源を入れておき、
録音したり、写真を撮ったり、メールを送ったりしてください、すべてを。
この壇上から現れる、この後の数分間に。

ほら、今日この後で、比べることができますよ、あなたのツイートやFacebookのコメントを、他の人のものと。
確認するために、何か思い出に残ることが起こったか。

ほら、いいですか、
最後の文をツイートしてください、この私が今言った。

このスピーチを録音して、それに BGM をつけて、
そして多分挿入するのです、何かクレージーな画像を。

語注

· electronic device
　電子機器

· Sidekick
　オールインワンの Wi-Fi サイト診断・測定デバイス

· Droid
　Google の Android をベースにして Motorola が開発したスマートフォン

· BlackBerry
　カナダのブラックベリー社が開発した携帯端末

· leave ... powered up
　〜の電源を入れたままにしておく

· text out
　メールを送信する

· emerge
　現れる

· figure out　（答えを）
　見つけ出す、考える

· memorable
　思い出に残る

· go down
　起こる

· set ... to music
　〜に曲をつける

· insert
　挿入する

· kooky
　クレージーな。kooky は crazy と同じような意味。

· graphics
　（単数扱い）画像

地球が昔より良い状態にあるのか、悪い状態にあるのかはわからない

Track | Fast 113 | Slow 114 | Speech 107

I once had a friend, who had a rich uncle,
who promised to pay for his college
as long as my friend wished to stay in school.

"You should stay in school as long as you can"
the rich uncle said "because when you get out of college
you've got to work every day for the rest of your life."

You all will come to understand what that rich uncle meant,
just as surely as you will someday wonder
where the hell you put your reading glasses
and yell at your own kids to turn the damn music down.

I'm not so sure the planet earth is in worse shape
than it was 30, no 18, no four years ago.

That's not to say it's in better shape either.

(129 words)

目標タイム 38.7 秒	Fast を聞く（1回目）1・2・3・4・5	速音読 1 秒	速音読 2 秒	速音読 3 秒	Fast を聞く（成果の確認）1・2・3・4・5

訳

かつて友人がいました、金持ちのおじさんがいる、
そのおじさんが約束したのです、彼の大学費用を払って
くれると、
友人が望む限りずっと、大学にいたいと。

「お前は大学にいるべきだ、できるだけ長く」、
金持ちのおじさんは言いました。「なぜなら、大学を卒
業すると、お前は働かなければならない、毎日、残りの
人生をずっと」

みなさんも全員、わかるときが来るでしょう、何をその
金持ちのおじさんが言いたかったかを。
きっと同じくらい確かです、あなたがいつの日か不思議
に思うのと、
一体どこに老眼鏡を置いたのだろうと。
そして自分の子どもに怒鳴るのと、そのクソうるさい音
楽のボリュームを下げろと。

私にはわかりません、地球がもっと悪い状態にあるのか、
30 年、いや 18 年、いや 4 年前の状態よりも。

それは言っているのでもありません、地球がもっと良い
状態にあると。

語注

· get out of college
大学を卒業［中退］する

· you've got to...
(=you have to...)
～しなければならない

· for the rest of your life
残りの人生をずっと

· come to understand
理解するようになる

· wonder
不思議に思う

· where the hell
一体どこに

· reading glass
老眼鏡

· turn ... down
（音量を）下げる

· damn
（名詞の前に使って怒り・苛
立ちを表して）くそ…、大…

· in worse shape than...
～よりも悪い状態にある

· That's not to say...
～と言っているのではない

退屈は克服され、今や常に何かする ことが手のひらの中にある

Track | Fast 115 | Slow 116 | Speech 108

Now some advantages particular to this age are not to be denied.

Boredom seems to have been vanquished.

There is always something to do,
but hasn't this translated into a perpetual distraction
in our lives, in the bathroom, at the dinner table,
in the back seat, at a wedding, at a graduation day?

There's always something to check, something to tweet,
something to watch, something to download,
something to play, something to share,
something to buy, someone on a voice mail,
something to yank at our attention span
and it's all in the palm of our hand
for a small monthly service fee.

(103 words)

目標タイム 30.9秒	Fast を聞く（1回目） 1・2・3・4・5	速音読 1 秒	速音読 2 秒	速音読 3 秒	Fast を聞く（成果の確認） 1・2・3・4・5

訳

しかし、いくつかの利点を、この時代ならではの、否定できません。

退屈は、克服されてしまったようです。

いつも何かすることがあります、
しかし、これが変わっていないでしょうか、絶え間なく気を散らすものに？
私たちの生活の中で、浴室でも、夕食のテーブルでも、車の後部座席でも、結婚式でも、卒業式の日にも。

いつもあります、何かチェックすることが、何かツイートすることが、
何か見るものが、何かダウンロードするものが、
何かプレイするものが、何かシェアするものが、
何か買うものが、誰かが残した留守電が、
何か私たちの集中力を引きつけて離さないものが、
そしてそれはすべて、私たちの手のひらの中にあるのです、
多少の月額使用料金と引き替えに。

語注

· advantage
利点、有利な点

· particular to...
〜に特有の

· boredom
退屈

· vanquish
克服する

· translate into...
〜に変形する

· perpetual
絶え間ない

· distraction
気を散らすこと［もの］

· yank at...
〜をぐいと引っ張る

· attention span
集中力が持続する時間

· palm
手のひら

· monthly
毎月の

· service fee
使用料金

今や「不安」は安く、拡散し、簡単に利益を生み出す商品である

Fast	Slow	Speech
117	118	109

We here up in stands
and surrounding you graduating class
look to you as we do every year,
hoping you will now somehow through your labors free us
from what we have come to fear
and we have come to fear many things.

Fear has become the commodity
that sells as certainly as sex.

Fear is cheap.

Fear is easy.

Fear gets attention.

Fear is spread as fast as gossip
and is just as glamorous, juicy and profitable.

Fear twist facts into fictions
that become indistinguishable from ignorance.

Fear is a profit-churning goto with the whole market...
being your whole family.

(100 words)

目標 タイム **30.0**秒	Fast を聞く （1回目） 1・2・3・4・5	速音読 **1** 秒	速音読 **2** 秒	速音読 **3** 秒	Fast を聞く （成果の確認） 1・2・3・4・5

訳

私たちはここ壇上で、
そして卒業生のみなさんの周囲で、
みなさんに期待しています、私たちが毎年するように。
願いながら、みなさんがこれから何とか努力して、私たちを解放してくれるようにと、
私たちが不安を持つようになったものから。
つまり私たちはたくさんのことに不安を抱くようになっているのです。

不安は商品になっています、
確かに売れる、セックスと同じくらい。

不安は安価です。

不安は簡単です。

不安は関心を引きます。

不安は拡散します、ゴシップと同じくらい速く、
そして同じくらいワクワクし、興味をそそり、もうかるのです。

不安は事実をねじ曲げて、作り話にし、
それは区別がつかなくなります、無知であることと。

不安は利益を生み出す主力製品です、市場全体で……
あなたの家族全員という。

語注

- **up in stands**
  壇上にいて
- **surrounding**
  囲んでいる
- **graduating class**
  卒業生
- **look to**
  期待する
- **through one's labors**
  苦労の末に、何とか努力して
- **fear**
  不安［恐怖］を抱く
- **commodity**
  商品
- **certainly**
  確実に
- **spread**
  広まる（過去形・過去完了形も spread）
- **glamorous**
  わくわくする、興奮を誘う
- **juicy**
  好奇心をそそる
- **profitable**
  もうかる
- **twist facts**
  事実を捻じ曲げる
- **fiction**
  フィクション、作り話
- **indistinguishable from...**
  ～と区別ができない
- **ignorance**
  無知、知らないこと
- **profit-churning**
  利益を生み出す
- **goto**
  主力製品

不安を背に、信念を前にして、常に前へと進もう！

Fast	Slow	Speech
Track	119	120	110

Your work begins,

work that will not be always joyful to you,
labor that may not always fulfill you
and days that will seem like one damn thing after the other.

It's true you will now work every day
for the rest of your lives, that full-time job.

Your career as human beings and as Americans
and as graduates of Yale
is to stand on the fulcrum between fear and faith,
fear at your back, faith in front of you.

Which way will you lean?

Which way will you move?

Move forward, move ever forward
and tweet out a picture of the results.

It may make you famous.

Thank you and congratulations.

(111 words)

目標タイム 33.3秒	Fast を聞く（1回目） 1・2・3・4・5	速音読 **1** 秒	速音読 **2** 秒	速音読 **3** 秒	Fast を聞く（成果の確認） 1・2・3・4・5

訳

みなさんの仕事が始まります。

仕事はあなたにとっていつも楽しくはないでしょう、
労働はあなたをいつも満足させないかもしれません。
そして日々は、どうでもよいことのようでしょう、次から次へと続く。

本当です、あなたが毎日働くであろうことは、
残りの人生をずっと、そのフルタイムの仕事である。

あなたのキャリアは、人間として、アメリカ人として、
そしてエール大学卒業生としての、
中心に立つことです、不安と信念の間の。
不安を背に、信念を目の前にして。

どちらの側に、あなたは身を乗り出しますか？

どの方向に、あなたは進みますか？

前に進んでください、常に前へと、
そしてツイートしてください、その結果の写真を。

それはあなたを有名にしてくれるかもしれません。

ありがとう。そしておめでとう。

語注

- fulfill
  満足させる
- damn thing
  どうでもよいこと
- one afrer the other
  次々と（来る）
- stand on...
  〜に立つ
- fulcrum
  てこの支点
- faith
  信念
- lean
  上体を曲げる、身を乗り出す

131

Self Check

#07 Section 01 ～ 05 のレビュー

各セクションの速音読の最高タイムを下の表に書き込んで、毎分何語（words／分）で音読できたか計算しましょう。

Section ❶ 5520 ÷ （　　　　　）秒＝　　　　　 words／分

Section ❷ 7740 ÷ （　　　　　）秒＝　　　　　 words／分

Section ❸ 6180 ÷ （　　　　　）秒＝　　　　　 words／分

Section ❹ 6000 ÷ （　　　　　）秒＝　　　　　 words／分

Section ❺ 6660 ÷ （　　　　　）秒＝　　　　　 words／分

※ words／分を計算したら、下のグラフにその数字を記入してみましょう。
今のレベルを判定することができます。

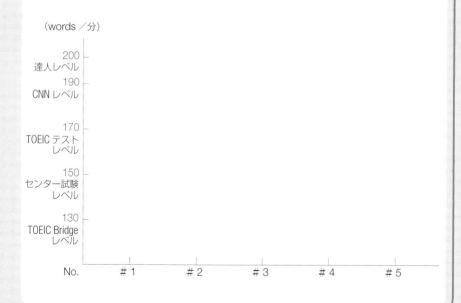

（words／分）

200
達人レベル
190
CNN レベル

170
TOEIC テスト
レベル
150
センター試験
レベル
130
TOEIC Bridge
レベル

No.　　　#1　　　#2　　　#3　　　#4　　　#5

Anne Hathaway

アン・ハサウェイ

アン・ハサウェイ

Anne Hathaway

1982年生まれ。アメリカの俳優。ニューヨーク市ブルックリン区出身。2001年『プリティ・プリンセス』で映画デビュー。2006年公開の『プラダを着た悪魔』でメリル・ストリープと共演。2012年『ダークナイト ライジング』にキャットウーマン/セリーナ・カイル役で出演。同年公開の『レ・ミゼラブル』で第85回アカデミー賞助演女優賞、ゴールデングローブ賞助演女優賞を受賞。

★下記のサイトでスピーチの全文を英語字幕つきで聞くことができます。
English Speeches
https://www.youtube.com/watch?v=1c4QHf5Ul3c&t=330s

Speech
121-125

本人の声で聞いてみよう！

　音読トレーニングに入る前に、まずは本人によるスピーチを通しで聞いてみましょう。ここに掲載したのは俳優のアン・ハサウェイが、2017年3月8日の「国際女性デー」にニューヨークの国連本部で行ったスピーチです。

　人生の教訓を学生向けにやさしく語りかけるこれまでの「卒業式のスピーチ」と比べて、より専門的な内容となり、一文が長い英文も多く登場します。そのため、これまで行ってきた音読トレーニングのなかでも難しい部類に入るでしょう。

　さらに、liberate（解放する）、overburden（過度に負担をかける）などの難しい動詞や、assumption（想定）、maternity leave（出産休暇）、parental leave（育児休暇）といった難しい名詞も多く、言い慣れていない英語を何度も声に出してみる口慣らしも必要かもしれません。しかし、ここまで音読トレーニングを続けてきたみなさんなら大丈夫。何度も聞いて、くり返し音読してみましょう。

幼い頃、父が私の方向感覚を育ててくれた

| Track | Fast 126 | Slow 127 | Speech 121 |

I wasn't very good at finding north at the beginning,
but I auditioned fair amount and so my Dad kept asking me,
"Which way is north?"

Over time, I got better at finding it.

I was struck by that memory yesterday
while boarding the plane to come here.

Not just by how far my life has come since then,
but by how meaningful that seemingly small lesson has been.

When I was still a child,
my father developed my sense of direction,
and now, as an adult, I trust my ability to navigate space.

My father helped give me the confidence
to guide myself through the world.

(107 words)

訳

私は北の方角を見つけることがうまくありませんでした、最初のうち。
でも私はかなりの回数オーディションを受けて、それで父は尋ね続けました、
「北はどちらの方角かな？」と。

そのうちに、私はうまくなりました、それを見つけ出すことが。

その思い出に打たれました、昨日、
飛行機に乗っているときのことです、ここに来るのに。

ずいぶん遠くまで私の人生が来てしまったということばかりでなく、その当時から。
どんなにか意味を持っていたのかということにです、その一見ささやかな訓練が。

私がまだ子どもの頃に、
父が私の方向感覚を育ててくれました。
そして今大人になって、私は信じています、私の空間をかじ取りして進む能力を。

父は助けてくれました、私が自信を持てるように。
自分自身を導いていくための、世の中で。

語注

- **audition**
  オーディションを受ける。ここでは「質問を受ける」の比喩
- **fair amount**
  かなりの回数
- **over time**
  そのうちに
- **get better at...**
  〜するのが上手くなる
- **board**
  （飛行機などに）乗る
- **not just A but B**
  AだけでなくBも
- **meaningful**
  意味のある
- **seemingly**
  一見したところ
- **sense of direction**
  方向感覚
- **navigate**
  〜を進む、航行する

実際に育児休暇を取ってみて
わかったこと

Track | Fast **128** | Slow **129** | Speech **122**

American women are currently entitled to
12 weeks' unpaid leave.

American men are entitled to nothing.

That information landed differently for me
when one week after my son's birth I could barely walk.

That information landed differently
when I was getting to know a human
who was completely dependent on my husband and I for
everything,
when I was dependent on my husband for most things,
and when we were relearning everything
we thought we knew about our family and relationship.

It landed differently.

Somehow, we, and every American parent, were expected
to be "back to normal" in under three months.

Without income?

(103 words)

訳

アメリカの女性には現在、権利があります、
12週間の無給の休みをとる。

アメリカの男性には権利がありません、何も。

その知識は違った形で降りかかってきました、私には。
息子を産んで1週間後、私はかろうじて歩ける程度の頃
です。

その知識は違った形で降りかかってきました、
（息子という）ひとりの人間を知るようになったときの
ことです。
息子は私の夫と私に完全に依存していました、あらゆる
ことに関して、
私も夫に依存していたときのことです、ほとんどすべて
のことについて。
そして私たちがあらゆることを学び直していたときのこ
とです、
私たちが知っていると思っていた家族と人間関係について。

それは違った形で降りかかってきたのでした。

どういうわけか、私たちやアメリカの親たちは求められ
ていたのです。
「通常に戻ること」を、3カ月のうちに。

収入なしで？

語注

· **be entitled to**
　〜の権利（資格）がある

· **unpaid**
　無給の

· **land**
　（状態に）陥らせる

· **barely**
　やっと〜できる、ほとんど
　〜ない

· **for everything**
　あらゆることに

· **relearn**
　学び直す

· **somehow**
　どういうわけか、どうも

139

女が家庭を守るべきという古い考えは男性の家庭参加を妨げる

| Track | Fast 130 | Slow 131 | Speech 123 |

In order to liberate women, we need to liberate men.

The assumption and common practice that women and
girls look after the home and the family
is a stubborn and very real stereotype
that not only discriminates against women,
but limits men's participation and connection within the
family and society.

These limitations have broad-ranging and significant effects,
for them and for the children.

We know this.

So why do we continue to undervalue fathers
and overburden mothers?

Paid parental leave is not about taking days off work;
it's about creating the freedom
to define roles, to choose how to invest time,
and to establish new, positive cycles of behavior.

(109 words)

目標
タイム
32.7秒

Fast を聞く
（1回目）
1・2・3・4・5

速音読 1
秒

速音読 2
秒

速音読 3
秒

Fast を聞く
（成果の確認）
1・2・3・4・5

訳

女性を解放するために、私たちは男性を解放しなければ
なりません。

思い込みや社会的慣行は、女性や少女たちが家や家族に
気を配るという、
強固で非常に現実的な固定概念です。
それは女性を差別するだけでなく、
男性の参加やつながりも制限します、家庭内や社会での。

これらの制限は持っています、広範囲に広がる重大な影
響力を、
男女や子どもたちにとって。

私たちはそのことをわかっています。

そうであるなら、なぜ私たちは続けるのでしょう、父親
を軽視し、
母親に過度な負担をかけることを？

有給の育児休暇とは、仕事を休むことではありません。
それは自由を創造することです、
役割を決め、時間の使い方を選択し、
そして確立する、新たな、建設的な行動の循環を。

語注

· **liberate**
解放する、自由にする

· **assumption**
思い込むこと

· **common practice**
ふつうに行われていること、
社会的慣行

· **stubborn**
断固とした

· **stereotype**
固定概念

· **discriminate against...**
～を差別する

· **undervalue**
軽視する

· **overburden**
過度に負担をかける

· **parental leave**
育児休暇

· **day off work**
仕事を休むこと

· **invest time**
時間を注ぐ

· **cycles of...**
～のくり返し、～の循環

多くの父親が仕事をするよりも、子どもと過ごしたいと願っている

	Fast	Slow	Speech
Track	132	133	124

In fact, a study in Sweden showed
that every month fathers took paternity leave,
the mother's income increased by 6.7 percent.

That's 6.7 percent more economic freedom for the whole family.

Data from the International Men and Gender Equality Survey
shows that most fathers report
that they would work less if it meant
that they could spend more time with their children.

How many of us here today saw our dads enough growing up?

How many of you dads here see your kids enough now?

We need to help each other if we are going to grow.

(97 words)

| 目標タイム 29.1 秒 | Fast を聞く（1回目） 1・2・3・4・5 | 速音読 ① 秒 | 速音読 ② 秒 | 速音読 ③ 秒 | Fast を聞く（成果の確認） 1・2・3・4・5 |

訳

実際、スウェーデンでの調査は示しました、
父親が育児休暇を取った月ごとに、
母親の収入が増えたことを、6.7%。

それは 6.7%多くの経済的自由ということです、家族全体にとって。

国際男性と男女共同参画調査のデータが示しています、
ほとんどの父親が報告していると。
彼らは仕事の時間を減らすだろうと、それが意味するなら、
彼らが過ごす時間を増やせることを、子どもたちと。

今日ここにいる何人の人が見たでしょう、父親を十分に、
成長の過程で？

ここにいる何人の父親が向き合っているでしょうか、自分たちの子どもと十分に、現在？

私たちは互いに助けあうことが必要です、もし成長し続けていくのであれば。

語注

· paternity leave
　男親の育児休暇

· income
　収入

· International Men and
　Gender Equality Survey
　国際男性と男女共同参画調査

· see
　面倒をみる

出産休暇は、現代社会の多様性に合わなくなっている

Fast	Slow	Speech
134	**135**	**125**

We all benefit from living in a more compassionate time
where our needs do not make us weak,
they make us fully human.

Maternity leave, or any workplace policy based on gender,
can—at this moment in history—
only ever be a gilded cage.

Though it was created to make life easier for women,
we now know it creates a perception of women
as being inconvenient to the workplace.

We now know it chains men to an emotionally limited path.

And it cannot, by definition, serve the reality of a world
in which there is more than one type of family.

Because in the modern world,
some families have two daddies.

How exactly does maternity leave serve them?

(118 words)

目標
タイム
35.4秒

Fast を聞く
（1回目）
1・2・3・4・5

速音読 1
秒

速音読 2
秒

速音読 3
秒

Fast を聞く
（成果の確認）
1・2・3・4・5

訳

私たちはみな恩恵を受けています、より思いやりのある時代に生きていることで。
そこでは不足は私たちを弱者にするのではなく、
十分に人間的にするのです。

出産休暇、あるいは性差に基づく職場の規則は、
歴史上の現時点においては、
一見立派な金の鳥かごでしかないのです。

それは作られたのですが、女性の生活を容易にするために。
私たちは今や知っています、それが女性の認識を作り出すものだということを、
職場にとって不都合な存在であるという。

私たちは今や知っています、それは男を鎖でつなぐものだということを、感情的に制限された生き方に。

そして、その制度は当然、役立たなくなっています、世界の現実に。
そこでは、ひとつ以上の家族の形が存在するのです。

なぜなら現代の社会では、
家族によってはふたりの父親がいます。

一体どうしたら出産休暇が役に立つのでしょう、彼らに？

語注

· benefit from...
〜から利益を得る

· compassionate
情け深い

· need
不足、欠乏

· maternity leave
出産休暇

· workplace
職場

· gender
性別

· can only be...
〜でしかない

· gilded cage
金の鳥かご。外見は立派だが自由がない状況

· perception
認識

· inconvenient to...
〜にとって迷惑な

· path
生き方、道筋

· by definition
定義上、当然

· serve
役に立つ

Self Check

#08 Section 01 ～ 05 のレビュー

各セクションの速音読の最高タイムを下の表に書き込んで、毎分何語（words／分）で音読できたか計算しましょう。

Section ❶ 6420 ÷ （　　　　　　　） 秒＝　　　　　　words／分

Section ❷ 6180 ÷ （　　　　　　　） 秒＝　　　　　　words／分

Section ❸ 6540 ÷ （　　　　　　　） 秒＝　　　　　　words／分

Section ❹ 5820 ÷ （　　　　　　　） 秒＝　　　　　　words／分

Section ❺ 7080 ÷ （　　　　　　　） 秒＝　　　　　　words／分

※ words／分を計算したら、下のグラフにその数字を記入してみましょう。
　今のレベルを判定することができます。

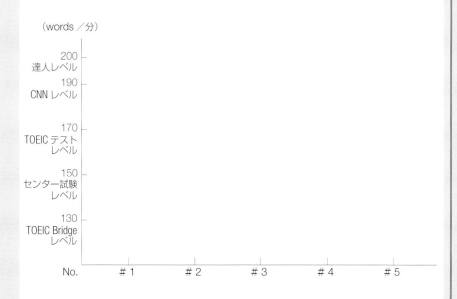

💬 Let's speaking 　**応用編 ④**

話す力を強化する〈2〉

　応用編②では、音読と速音読に、音読筆写と速写を加えることで、音と文字の両面から英語の語順を脳に定着させ、スムーズに書く・話す力を養成するトレーニングを紹介しました。また、応用編③では、ルックアップ＆セイとシャドーイングを加えることで、音声のワーキングメモリを有効に使うトレーニングを紹介しました。

　こうした練習を続けることで、会話でも、相手からの質問に即座に答えたり、自分が言いたいことを比較的まとまった分量の英語で伝えたりすることができるようになります。

　一方で、今回のトレーニングの題材である「スピーチ」のように、人前で英語を効果的に話すには、どうしたら良いのでしょう？　スピーチは、会話とは違い、事前に原稿を用意して話す練習をして、本番でも原稿を見ながら話すことができます。しかし、原稿を棒読みするのではなく、聴衆の反応を見ながら、声の出し方を工夫し、内容を印象づける必要があります。

お気に入りの「スピーチ」をお手本にしよう

　本人のスピーチ音源【Speech】は、プロのナレーターによる音源（【Slow】、【Fast】）に比べ、少し聞きづらかったかもしれません。でも、発音や抑揚といった話し方は、人によって違って当然。それぞれに個性があります。その違いを楽しむことも、スピーチを味わうポイントです。

　10名のスピーチを味わったら、自分がスピーチを頼まれたと仮定して、話し方のお手本にしたいスピーカーを選び、次のトレーニングを行いましょう。人前で話す力を伸ばすことができます。

STEP 1 　音源 Speech を聞きながら、英文を目で追う

　【Speech】の音源を聞き英文を目で追って、内容に合わせて声をどのように変化させているか確認しましょう。変化に気づいたら、英文に印を付けます。

例：「強く読まれる単語」に下線、「間」を取っている所にスラッシュ（／）、「上げ調子」「下げ調子」で読んでいるところに矢印（↗↘）。

STEP 2 英文の音読

Step 1でつけた印を参考に、お手本のスピーカーになったつもりで、声の出し方を工夫しながら、英文を音読しましょう。

STEP 3 音源 Speech を聞きながら、英文を音読する

【Speech】の音源に合わせて、一緒に音読しましょう。声を重ねるように音読することで、声の出し方がさらに上達します。

STEP 4 英文の音読

最後にもう一度、聴衆の関心を引き付けるつもりで、英文を音読しましょう。目の前に聴衆がいるとイメージして、語りかけるように話すのがコツです。英文だけを見ずに、時おり顔をあげて話しましょう。

「英語回路」の育成で、心に響く英語を

英語はコミュニケーション・ツールであり、情報や感情を伝え合う道具です。キャッチボールのように、相手からの球を受ける（英語を理解すること）と、自分から球を投げる（英語を発信する）ことが必要です。

ここまで、本書を使ってトレーニングをされたみなさんは、お気づきのように、上記の2つともに、「心に響く英文を、スピードも意識して音読すること」で身につけていくことができます。

本書に紹介のトレーニング方法は、私自身に効果のあった方法であり、多くの社会人・学生の皆さんに効果のあった方法です。そして、今みなさんが効果を実感しつつある方法です。さらに、近年では科学的にも有用性が裏付けされてきています。

「英語回路」の育成で、英語がお互いの心に響くようになり、英語でのコミュニケーションがもっと楽しく有意義なものになります。そう感じられる日を信じて、トレーニングを続けましょう。応援しています。

Akio Toyoda

豊田章男

豊田章男

Akio Toyoda

1956年生まれ。日本の経営者、実業者、レーシングドライバー。1979年慶應義塾大学法学部卒業。1982年米国バブソン大学経営大学院修了。2009年トヨタ自動車株式会社代表取締役社長に就任。2013年にフランスのレジオン・ドヌール勲章オフィシエ章、2017年に藍綬褒章を受章。

★下記のサイトでスピーチの全文を日本語字幕つきで聞くことができます。
（豊田章男　米国バブソン大学卒業式スピーチ）
https://toyotatimes.jp/insidetoyota/023.html

本人の声で聞いてみよう！

Speech
136-140

　音読トレーニングに入る前に、まずは本人によるスピーチを通しで聞いてみましょう。ここに掲載したのは、トヨタ自動車代表取締役社長の豊田章男氏が2019年の5月18日、母校であるバブソン大学で行った卒業スピーチからの抜粋です。

　まず始めにジョークを言って笑いをとってから本題に入るというスピーチ全体の構成、Don't be boring.（つまらない人間になるな）、Try new things.（新しいことに挑戦してください）といった短くて記憶に残る警句の数々の小気味良さや、スピーチの冒頭で述べた「ドーナツ」というキーワードに最後にふれる伏線回収の巧みさなど、これまで聞いてきた卒業スピーチの特徴とも共通する要素がふんだんに詰まった名スピーチとなっています。

　まさに「日本人でも英語でここまで深い内容を話せるのか」というお手本のようなスピーチです。ぜひスピーチを何度も聞いて味わってみてください。

英語の授業が大変で、大学時代の私はつまらない人間だった

Track Fast **141** Fast **142** Speech **136**

I have to tell you, when I was at Babson,
I had no social life.

For me, taking classes in English was a real challenge.

I never went to parties,
I never went to hockey games.

I just went from my dorm to class to the library...
to my dorm to class to the library.

So when I attended Babson, I was, in a word, boring.

But once I graduated, I went to work in New York,
where I immediately made up for lost time
and became "the king of the night"!

(92 words)

目標タイム 27.6秒

Fast を聞く（1回目） 1・2・3・4・5

速音読 ①　　　秒

速音読 ②　　　秒

速音読 ③　　　秒

Fast を聞く（成果の確認） 1・2・3・4・5

訳

申し上げておきますが、バブソンにいたとき、
私には社会生活はありませんでした。

私にとって、英語で授業を受けることは本当に大変でした。

パーティーに行ったことは一度もありませんし、
ホッケーの試合に行ったこともありませんでした。

私はただ行くだけでした、寮から教室に、そして図書館に……寮に戻り、そしてまた教室に、図書館に。

したがって、バブソンにいたときの私は、ひと言で言うと「つまらない人間」でした。

しかし、ひとたび卒業して、ニューヨークに仕事をしに行くと、
私はたちまち失った時間を取り戻し、
「夜の帝王」になったのです！

語注

· **social life**
社会生活

· **challenge**
挑戦（能力を試される）課題、
難しいがやりがいがあるもの

· **dorm** = dormitory
寮

· **attend**
（学校に）行く

· **in a word**
ひと言で言えば

· **boring**
退屈な、つまらない

· **make up for...**
穴埋めをする、〜を取り戻す

みなさんにとってのドーナツを
見つけてください

| Track | Fast 143 | Slow 144 | Speech 137 |

I can tell just by looking at you
that none of you are boring.

I'm sure you have enjoyed a very active social life
while you were here.

But since I'm here to offer you words of advice,
let the first be this.

Don't be boring.

Have fun.

Really figure out what makes you happy in life,
what brings you joy.

When I was a student here, I found the joy in donuts.

American donuts are a joyful, astonishing discovery.

I want to encourage all of you to find your own donut.

Find what makes you happy and don't let go.

(101 words)

目標タイム 30.3秒	Fast を聞く（1回目）1・2・3・4・5	速音読 1 秒	速音読 2 秒	速音読 3 秒	Fast を聞く（成果の確認）1・2・3・4・5

訳

私にはわかります、みなさんを見ただけで、
誰ひとり「つまらない人間」ではないと。

きっとみなさんは楽しまれたことでしょう、積極的な社会生活を、
ここにいる間に。

しかし、私はここに来たので、みなさんにアドバイスをするために、
まず最初にこれを言わせてください。

「つまらない人間になるな」

「楽しみなさい」

本気で見つけてください、自分を幸せにしてくれるものを、人生で。
自分に喜びをもたらしてくれるものを。

私がここで学生だったとき、私はその喜びを見出しました、ドーナツに。

アメリカのドーナツはうれしくて驚くべき発見です。

私はみなさん全員におすすめしたいです、自分自身のドーナツを見つけることを。

見つけてください、自分を幸せにしてくれるものを。そしてそれを手放さないでください。

語注

· boring
　つまらない、うんざりする
· figure out
　（答えを）見つけ出す
· joyful, astonishing discovery
　うれしくて驚くべき発見
· encourage
　奨励する、勧める
· let go
　手放す

正しいことをすれば、
お金は後からついてくる

I am often asked whether I am burdened
by having the name Toyoda,
and when I was young- your age, I might have said yes.

But today, I'm very proud of what the name represents,
and the hundreds of thousands of people it supports
around the world.

So let's fast forward and assume
you have become successful doing what you really love.

Now, let me give you some advice,
from one CEO to another:

Don't screw it up.

And don't take it for granted.

Do the right thing.

Because if you do the right thing, the money will follow.

Try new things, even if you're old.

(107 words)

| 目標タイム 32.1秒 | Fast を聞く（1回目）1・2・3・4・5 | 速音読 ① ___秒 | 速音読 ② ___秒 | 速音読 ③ ___秒 | Fast を聞く（成果の確認）1・2・3・4・5 |

 訳

私はよく聞かれます、「重荷でないのか、
豊田という名を名乗っていることを」と。
若いとき、みなさんの年頃だったら答えたかもしれません、「イエス」と。

しかし、今、私はとても誇りにしています、この名前が表すものを、
そして何十万もの人たちを、トヨタを支えている、世界中で。

というわけで、ここで早送りして想定しましょう、
みなさんが成功していると、本当に好きなことをして。

では、私にみなさんへアドバイスをさせてください、
ひとりの CEO からもうひとりの CEO へ。

それを台無しにしないこと。

なんでも当たり前だと思わないこと。

正しいことをすること。

なぜなら、正しいことをすれば、お金はついてくるからです。

新しいことに挑戦してください、たとえ歳をとっても。

語注

· burdened
  重荷を課せられた

· represent
  示す、意味する

· hundreds of
  thousands of...
  何十万もの〜

· support
  支持する、支える、扶養する

· fast-forward
  早送りする

· assume
  〜と仮定する

· CEO = chief executive
  officer
  最高経営責任者（企業のトップに位置する人）

· screw up
  失敗する、へまをする

· take it for granted
  それを当然だと思う

みなさんを導く北極星を見つけ、世界をより良い場所にしてほしい

Find people that inspire you.

Oprah... Yoda... Tom Brady... your parents... your friends.

Feed off their energy!

Be a person that inspires others.

Be a good global citizen.

Care about the environment, the planet,
about what's happening in other parts of the world.

Don't worry about being cool.

Be warm.

Decide what you stand for.

Yes! At Toyota, we have a set of values
that include integrity, humility, and respect for others.

We call it "the Toyota way."

And it gives our company a north star, a guiding light.

Find your own guiding light
and let it inform every decision you make.

Let it help you make the world a better place.

(112 words)

訳

人たちを見つけてください、あなたにやる気を起こさせる。

オプラ、ヨーダ、トム・ブレイディ、ご両親、友人たち。

もらうのです、彼らのエネルギーを！

人になってください、ほかの人たちにやる気を出させる。

なってください、立派なグローバル市民に。

気にかけてください、環境のこと、地球のこと、
起きていること、世界の他の場所で。

気にしないでください、格好つけることなんて。

温かい人になってください。

決めてください、自分の信念となるものを。

そうです！　トヨタには、価値観があります、
それは含みます、誠実さ、謙虚さ、他人に対する尊敬の
気持ちを。

私たちはそれを呼んでいます、「トヨタウェイ」と。

そして、それは私たちの会社に与えてくれます、北極星
として、私たちを導いてくれる光を。

見つけてください、みなさん自身を導く光を。
そしてその光に導かれ、さまざまなことを判断してくだ
さい。

その光の力を借りて、世界をより良い場所にしてください。

語注

· inspire
奮起させる

· Oprah
オプラ・ウィンフリー（ア
メリカのテレビ番組の司会
者・プロデューサー、俳優）

· Yoda
ヨーダ。『スター・ウォーズ』
に登場する架空の人物

· Tom Brady
トム・ブレイディ（アメフ
ト選手）

· feed off
（力やエネルギーなどを）
もらう、得る

· global citizen
グローバル市民、地球市民

· care about...
〜を気にかける

· planet
惑星。the planet は「地球」
の意味になる

· cool
かっこいい、粋な

· stand for...
〜を支持する

· set of values
価値観

· integrity
誠実、正直

· humility
謙虚

· respect for...
〜への尊重

· north star
北極星

· guiding light
人を導く光、手本となる人物

159

みなさんの時代が美しいハーモニーと ドーナツで満たされることを！

| Track | Fast 149 | Slow 150 | Speech 140 |

In Japan, every time a new emperor ascends to the throne,
a new era begins, and the calendar starts over at year one.

We just had a new era begin in Japan on May 1st.

Every era has its own name,
and this one is called Reiwa,
which means "beautiful harmony."

In many respects,
all of you are beginning a new era of your own,
where the clock is set back to one
and the possibilities are endless.

I hope your era is one filled with
beautiful harmony, much success,
and many, many donuts.

Thank you very much.

(97 words)

目標タイム **29.1**秒　Fast を聞く（1回目）1・2・3・4・5　速音読 **1** 秒　速音読 **2** 秒　速音読 **3** 秒　Fast を聞く（成果の確認）1・2・3・4・5

訳

日本では、毎回新しい天皇が即位する度に、
新しい時代が始まり、暦は再び始まります、元年で。

日本では新しい時代が始まったばかりです、5月1日に。

各時代にはそれ独自の名称があり、
今回は「令和」と呼ばれ、
それは「美しいハーモニー」という意味です。

さまざまな意味において、
みなさん全員が始めようとしています、みなさん自身の
新しい時代を。
そこでは時計の針は最初に戻り、
可能性は無限大です。

願っています、みなさんの時代が満たされたものである
ことを、
美しいハーモニーと、多くの成功と、
そしてたくさんの、たくさんのドーナツで。

ご静聴ありがとうございました。

語注

· emperor
天皇

· ascend to
（高い地位などへ）上がる

· throne
王座

· start over
もう一度やり直す

· new era
新しい時代

· Reiwa
令和

· in many respects
多くの点で

· set A back to B
AをBに戻す

· possibility
可能性

Self Check

#09 Section 01 ～ 05 のレビュー

各セクションの速音読の最高タイムを下の表に書き込んで、毎分何語（words／分）で音読できたか計算しましょう。

Section **1** 5520 ÷ （　　　　　　）秒＝　　　　　　words／分

Section **2** 6060 ÷ （　　　　　　）秒＝　　　　　　words／分

Section **3** 6420 ÷ （　　　　　　）秒＝　　　　　　words／分

Section **4** 6720 ÷ （　　　　　　）秒＝　　　　　　words／分

Section **5** 5820 ÷ （　　　　　　）秒＝　　　　　　words／分

※ words／分を計算したら、下のグラフにその数字を記入してみましょう。
　今のレベルを判定することができます。

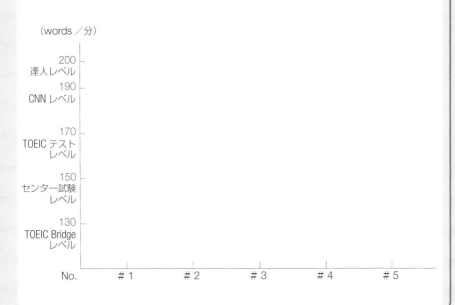

（words／分）

200 — 達人レベル
190 — CNN レベル
170 — TOEIC テストレベル
150 — センター試験レベル
130 — TOEIC Bridge レベル

No.　　　# 1　　　# 2　　　# 3　　　# 4　　　# 5

Sadako Ogata

緒方貞子

緒方貞子
Sadako Ogata

1927年生まれ、2019年没。日本の国際政治学者。聖心女子大学文学部卒業。カリフォルニア大学バークレー校にて、政治学博士の学位を取得。上智大学名誉教授。独立行政法人国際協力機構（JICA）理事長。日本における模擬国連活動の創始者でもある。曽祖父は元内閣総理大臣の犬養毅。

Speech
151-155

本人の声で聞いてみよう！

　音読トレーニングに入る前に、まずは本人によるスピーチを通しで聞いてみましょう。ここに掲載したのは、2008年の世界経済フォーラム（World Economic Forum）で行われた緒方貞子氏のインタビューからの抜粋です。アフリカ大陸への支援や環境問題について語っています。

　語られている内容はやや専門的で難しく、contribute（原因となる）、integrate（統合する）などの難しい動詞や、reforestation（森林再生）、desertification（砂漠化）、public-private partnership（官民協力体制）、job creation（雇用創出）といった難しい用語が使われているため、言い慣れていない単語の音読に苦労するかもしれません。しかし、国際協力の分野で重要な単語が頻出しているので、国際問題に関心がある方は要チェックです。

　また、これまで取り上げてきた英文の中でも一文が長く、そういった面でも音読はなかなか困難です。しかし、文の構造によく注意してみれば、最初にまず結論を述べた後、for instance（例えば）やsuch as...（〜のような）を使って具体例を列挙する、あるいは「〜するために」という目的を表す不定詞（to...）を最後につけ加えるパターンを多用していることに気づくでしょう。こうしたパターンを理解すると音読がしやすくなるはずです。

気候変動はアフリカ大陸が直面する最も緊急な課題のひとつです

| Track | Fast 156 | Slow 157 | Speech 151 |

Climate change is one of the most recent,
but also one of the most urgent,
problems, facing Africa.

It is a continent
which has contributed perhaps least to the problem,
but which will suffer disproportionately
in coming decades.

A two-track strategy is necessary.

Donors, such as JICA, and African countries
must work together
on specific climate change projects,
such as meteorological programs, reforestation,
and desertification.

(65 words)

目標タイム **19.5**秒

Fast を聞く（1回目）　1・2・3・4・5

速音読 **1**　　秒

速音読 **2**　　秒

速音読 **3**　　秒

Fast を聞く（成果の確認）　1・2・3・4・5

訳

気候変動は最新のもののひとつで、
また同時に最も差し迫ったもののひとつです、
諸問題の、アフリカが直面している。

アフリカは大陸です。
恐らく最も関与していない、この問題に。
しかし、不釣り合いなほどに被害を受けるであろう、
来る数十年に。

二重の戦略が必要です。

援助側、例えば JICA とアフリカ諸国は
力を合わせなければなりません、
特定の気候変動プロジェクトについて。
例えば気象問題や森林再生、
砂漠化に関して。

語注

- climate change
  気候変動

- urgent
  緊急の

- contribute to...
  ～の原因となる

- disproportionately
  不釣り合いに

- in coming decades
  これからの数十年間で

- two-track strategy
  二重戦略

- donor
  提供者

- JICA
  = Japan International
  Cooperation Agency
  （日本の）国際協力機構

- meteorological
  気象の

- reforestation
  森林再生

- desertification
  砂漠化

気候変動と環境への配慮を農業にも取り入れるべきだ

At the same time, climate change affects
virtually every aspect of our lives,
and so we must also include this issue in a variety of other
programs.

Millions of African children, for instance,
need help in their education,
and more attention to the environment and climate change
should be introduced into the classroom.

Improved agriculture is vital to Africa's future,
but a vital component of any agricultural advancement
must take into account climate change and environmental
considerations.

(77 words)

訳

同時に、気候変動は影響を与えています、
実際上私たちの生活のあらゆる面に対して。
ですから私たちはまた含めなければなりません、この問題を、他のさまざまなプログラムに。

数百万人のアフリカの子どもたちが、例えば、
支援を求めています、彼らの教育面で。
そして一層の配慮が、環境と気候変動への
紹介されるべきです、教室において。

農業の改良は極めて重要です、アフリカの未来にとって。
しかし、不可欠な構成要素には、どのような農業の進歩においても、
考慮に入れなければなりません、気候変動と環境への配慮を。

語注

- affect
  影響をあたえる
- virtually
  実際上
- aspect
  局面
- attention to...
  〜への関心
- introduce A into B
  A を B に紹介する
- vital to...
  〜にとって極めて重要な、不可欠な
- component of...
  〜の構成要素
- take ... into accouunt.
  〜を考慮に入れる

アフリカは未だに世界最貧の大陸のままであるという難題

Track | Fast **160** | Slow **161** | Speech **153**

Some encouraging progress has been made already in areas such as maternal health, education, and poverty reduction.

However, Africa remains the world's poorest continent, and formidable challenges remain.

One key to reaching eight goals by 2015
is a concept we have developed in the last few years,
called human security.

It is a simple idea which recognizes
that the people we are trying to help—individual villagers
and local communities—should play a greater role
in both planning and sustaining projects
aimed at improving their lives.

(86 words)

| 目標タイム 25.8秒 | Fastを聞く（1回目）1·2·3·4·5 | 速音読 1 秒 | 速音読 2 秒 | 速音読 3 秒 | Fastを聞く（成果の確認）1·2·3·4·5 |

訳

いくつかの勇気づけられる進歩がなされています、すでに分野で。
例えば母性保健や、教育、貧困削減の。

とは言え、アフリカは未だ世界最貧の大陸のままであり、大変な難題が残っています。

8つの目標に到達するひとつのカギは、2015年までに、ある構想です。
私たちが最近数年間に開発した、
ヒューマン・セキュリティー呼ばれる。

それは単純なアイデアです、以下のことを認める。
私たちが援助しようとする人々（個々の村人と地域社会）がより大きな役割を果たすべきである。
両面において、プロジェクトを計画し、維持する、
彼らの生活の改善を目的とした。

語注

· maternal health
　母性保健

· poverty reduction
　貧困削減

· formidable
　手強い、大変な

· challenge
　課題、難題

· human security
　人間の安全保証

· play a role in...
　～において役割を果たす

· sustain
　維持する

· aim at...
　～を目的として

アフリカの経済成長のためには、より強力な官民協力体制の構築を！

Track | Fast 162 | Slow 163 | Speech 154

A recent economic summit in Japan,
which attracted some 100 African countries, donors,
international agencies, and NGOs,
set some of the priorities we need to follow.

A more vigorous public-private partnership
must be developed
—in other words, governments will cooperate far more
closely with the private sector
to help accelerate Africa's economic growth.

Two main types of development
should be more fully integrated and complement
and strengthen each other.

On the one hand, you have major projects
such as transcontinental roads and ports
to give Africa a vibrant infrastructure.

But this kind of development must go hand in hand
with grassroots projects
in areas such as education, maternal health, and job creation.

(112 words)

目標タイム 33.6秒

Fast を聞く（1回目）　1・2・3・4・5

速音読 1　　秒

速音読 2　　秒

速音読 3　　秒

Fast を聞く（成果の確認）　1・2・3・4・5

訳

近年の日本で開かれた経済サミット、
それは 100 前後のアフリカ諸国、支援国、国際専門機関、NGO を集めましたが、
（そのサミット）は優先順位を定めました、私たちが従うべき。

もっと活気にあふれた官民協力体制を
築き上げなければなりません。
言い換えるなら、政府はより緊密に協力することになるでしょう、プライベートセクターと、
加速させるために、アフリカの経済成長を。

主要なふたつのタイプの開発が
より完全に一体化され補完し合うべきです、
そして互いを強化し合う。

その一方、大規模なプロジェクトがあります。
例えば大陸横断道路や港湾といった、
アフリカに提供するための、活力のあるインフラを。

しかし、この種の開発は協力していかなければなりません、草の根のプロジェクトと。
分野において、例えば教育、母親の健康、そして雇用の創出といった。

語注

- NGO
  = non-governmental organizations
  非政府組織

- international agencies
  国際専門機関

- set priority
  優先順位を定める

- vigorous
  活気のあふれる

- public-private partnership
  官民協力体制

- private sector
  民間部門、企業

- integrate
  一体化する

- complement
  補完する

- strengthen
  強化する

- transcontinental
  大陸横断の

- vibrant
  活力のある

- go hand in hand with...
  ～と協力して、進む

- grassroot
  草の根の

- maternal
  母親の

- job creation
  雇用創出

アフリカは、アジアの経済的成功に学ぼうとしている

Track | Fast **164** | Slow **165** | Speech **155**

My own agency, JICA, is already strengthening ties,
not only directly with African nations,
but also with other donors and international institutions
such as the World Bank, to more effectively help Africa.

And in recent years, the continent has recognized
that it may have lessons to learn
from Asia's own economic miracle of recent decades,
and it is beginning to cooperate more closely
both with Asian governments and Asia's private sector
to transfer some of Asia's successful ideas to Africa.

(80 words)

目標
タイム
24.0 秒

Fast を聞く
（1回目）
1・2・3・4・5

速音読 ①

秒

速音読 ②

秒

速音読 ③

秒

Fast を聞く
（成果の確認）
1・2・3・4・5

訳

私の所属する機構、JICA はすでに結びつきを強めています。
直接にアフリカ諸国とばかりでなく、
他の支援国や国際機関とも。
例えば世界銀行といった、より効果的にアフリカを支援するために。

そして近年では、アフリカ大陸は理解しています。
学ぶべき教訓があると、
この数十年のアジアの経済的奇跡から。
そして協力し始めています、より密接に、
両者と、アジアの政府とアジアのプライベートセクターの、
移転するために、アジアの成功を収めた考え方を、アフリカに。

語注

· strengthen
　強める、強化する

· tie with...
　～との関係、結びつき

· World Bank
　世界銀行

· effectively
　効果的に

· continent
　大陸

· lesson to learn from...
　～から学ぶべき教訓

· economic miracle
　経済的奇跡

· decade
　10 年間

· transfer A to B
　A を B へ移す

Self Check

#10 Section 01 ～ 05 のレビュー

各セクションの速音読の最高タイムを下の表に書き込んで、毎分何語（words／分）で音読できたか計算しましょう。

Section ❶	3900 ÷ (	) 秒 =	words ／分
Section ❷	4620 ÷ (	) 秒 =	words ／分
Section ❸	5160 ÷ (	) 秒 =	words ／分
Section ❹	6720 ÷ (	) 秒 =	words ／分
Section ❺	4800 ÷ (	) 秒 =	words ／分

※ words ／分を計算したら、下のグラフにその数字を記入してみましょう。
　今のレベルを判定することができます。

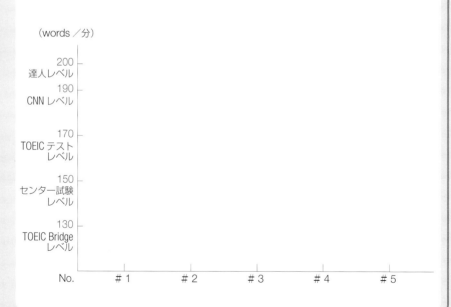

名スピーチで
英語「速」音読

2020 年 2 月 1 日　第 1 版第 1 刷　発行

著者：鹿野晴夫
校正：高橋清貴
英文校正：ソニア・マーシャル
ナレーション： ジョシュ・ケラー、
クリス・コプロスキー、ジェニー・スキッドモア、
エマ・ハワード
装丁：松本田鶴子
表紙カバー・本文写真提供：ロイター／
AP ／アフロ

鹿野晴夫
（かの・はるお）

株式会社ビズコム代表取締役。1964 年北海
道生まれ。東京都立大学工学部卒。29 歳の
ときの初の海外出張を契機に、大の苦手だっ
た英語と向き合うことを決意。自己学習のみ
で、TOEIC L&R テスト 335 点から、990
点へ。経験を綴った本の執筆を経て、35 歳
で会社を設立。英語トレーニング指導のプロ
となる。セミナー受講者は、トヨタ自動車、
ソニー、KDDI、東芝、富士通、三菱電機など、
200 社 10 万人を越える。『1 日 10 分 超音
読レッスン「世界の名スピーチ編」』（IBC パ
ブリッシング）など共著書は 60 冊以上。

https://www.bizcom.training/

発行人：坂本由子
発行所：コスモピア株式会社
　　〒 151-0053
　　東京都渋谷区代々木 4-36-4 MC ビル 2F
営業部：Tel:03-5302-8378
　　　　　email:mas@cosmopier.com
編集部：Tel:03-5302-8379
　　　　　email:editorial@cosmopier.com
https://www.cosmopier.com/
[コスモピア・ホームページ]
https://e-st.cosmopier.com/
[コスモピア e ステーション]
https://www.e-ehonclub.com/
[英語の絵本クラブ]

Special Thanks

English Speeches

トヨタイムズ

World Economic Forum

印刷：株式会社シナノ
音声編集：株式会社メディアスタイリスト
音声ダウンロード：Langoo

「読み放題コース」新作シリーズ予告

2020年1月から続々登録予定！

登録コンテンツ 約 **900**

Teen ELI Readers シリーズ **33冊**

●フィクション・ノンフィクションが楽しめるシリーズで、多読アワードを受賞したオリジナル作品が多数。

シリーズの収録作品（一部）
Oliver Twist（YL2.2 / 6780 語）、
Enjoy New York（YL2.6 / 7240 語）、
David Copper filed（YL3.0 / 7700 語）、The Call of the Wild（YL3.0 / 7530 語）など

イギリスがテーマのタイトル多数！

Red Rocket Readers シリーズ **60冊**

●子どもから大人まで楽しめるさまざまなテーマで、やさしいレベルからスタートしたい人におすすめ。

シリーズの収録作品（一部）
Our Puppet Show（YL 0.0 / XXX 語）、
Water from Rain（YL 0.0 / XXX 語）、
Book Art（YL 0.0 / XXX 語）など

Sound Adventures シリーズ **36冊**

●フォニックスを学ぶためのオリジナルシリーズ。

シリーズの収録作品（一部）
A Blimp in the Blue（YL0.4/254 語）、
A Ship and Shells（YL0.4/232 語）、
Fish Mission（YL0.4/188 語）など

現在「読み放題コース」に登録されている全タイトルリストはこちらからご覧いただけます。（PDF データ）

本書のご意見・ご感想をお聞かせください！

本書をお買い上げいただき誠にありがとうございます。
今後の出版の参考にさせていただきたいので、ぜひ、ご意見・ご感想をお聞かせください（PC またはスマートフォンで下記のアンケートフォームよりお願いいたします）。

アンケートにご協力いただいた方のなかから抽選で毎月 10 名の方に、コスモピア・オンラインショップ（https://www.cosmopier.net/shop/）でお使いいただける 500 円分のクーポンを差し上げます。
（当選メールをもって発表にかえさせていただきます）

アンケートフォーム
https://forms.gle/3jSGEqKnrSo2joYVA